Zöhre Kurun

Ein Viertel des Lebens

ARAKI

Impressum

Copyright by Zöhre Kurun 2011

Lektorat Anna Dietzsch
Cover und Satz Carmen Orschinski
unter Verwendung eines Gemäldes von
Oskar Guayasamín
Einbandfoto Estelle Armknecht
Frontispiz Foto und Gedicht der Autorin

Druck AJSP Vilnius

ISBN 978-3-941848-08-5

ARAKI
Verlag Leipzig

Dieses Buch widme ich meinem Vater,
der mich mit seiner Weisheit zu einem spirituellen Denken
hingeführt hat.

Bei all den Menschen, die an mich glaubten,
mich unterstützten und mir Mut machten,
meinen Weg zu gehen,
bedanke ich mich von ganzem Herzen.

Besonders möchte ich folgende Personen hervorheben:

Orkan, den ich über alles liebe,
Eva Heeß, die mich seit meiner Kindheit begleitet,
Hans-Walter Lempert, ein wertvoller und treuer Freund,
Markus Fleck, ein Manager mit Herz und Verständnis,
meine Kolleginnen und Kollegen, die alle sehr nett sind
unsere Kunden, die einfach bezaubernde Menschen sind
alle Kinder, die mit ihren Bildern mein Herz berührten.

Vorwort des Herausgebers

Frau Kurun, eine einfache Verkäuferin, ist eine völlig untypische Autorin. Trotz Schicksalsschlägen stellte sie sich den Herausforderungen des Lebens. Sie hat sich die deutsche Sprache und ihre Ausbildung gegen die Ignoranz und den Widerstand in der Familie angeeignet. Sie hat sich trotz Entwurzelung im fernen Land eine Heimat geschaffen. Für sie wurde die erkämpfte Integration zum Bestandteil ihres Befreiungsprozeßes.

Das Buch wurde für Frauen gemacht, die mit ähnlichen Problemen konfrontiert sind. Wir wollen Mut machen, über das Leben nachzudenken und eigene Schritte zu wagen.

Was an dem Text über die direkte Sprache hinaus beeindruckt, ist der Mut, die eigene Seele transparent zu machen.
Wir hören die Frage nach Gott, wir erleben die Abrechnung mit diesem Gott, der sie ohne Antwort ihrem entwürdigenden Schicksal überläßt. Die Autorin hat sich auch davon emanzipiert, ohne ihn definitiv abzulehnen. Sie hat den Schritt aus der Unterwerfung im Leben wie im Glauben hinaus getan. In der größten Verzweiflung fordert sie Gott heraus:
‚Wenn Du in meinem Alltag blind, stumm und gehörlos bleibst, dann sei wenigstens mein Spiegelbild in den letzten Fragen.' Damit hat sie sich der Deutungshoheit ihres Schicksals bemächtigt. Als Fazit entwickelt die Autorin eine persönliche Philosophie der Gerechtigkeit und Mitmenschlichkeit, die ohne den Ballast einer „organisierten Religion" den Schritt zum Humanismus gefunden hat.

Leipzig, den 14.11.2010

Inhalt

Ein Augenblick voller Magie

Wer hätte gedacht, dass ich eines Tages meine Seele der Welt offenbare. Irgendwann hatte ich die Inspiration, dass mir der Titel plötzlich wie ein Pfeil in den Kopf schoss. Konnte es kaum abwarten loszulegen. Nun saß ich an meinem Computer, aber etwas blockierte mich. Vielleicht war die Zeit noch nicht reif. „Na gut" waren meine Gedanken.

Ein paar Tage später hatte ich einen Traum. Barfuss, hilflos und verirrt lief ich in einem Regenwald auf der Suche nach einem Ausweg.

Bis eine Stimme zu mir sprach

„Zöhre" Du brauchst eine alte Schreibmaschine
Deine Seele liegt in ihr.

Mit diesen Worten erwachte ich aus meinem
Traum. Das war ganz klar ein Zeichen.

Aufgeregt rannte ich zu meinem Nachbarn,
Und erzählte ihm von meinem Traum
Er teilte gleich meine Freude, und
versprach sich auf die Suche nach einer
Schreibmaschine zu machen.

Tatsächlich fand er eine für mich.
Konnte mein Glück noch nicht richtig
fassen
„Es war ein Augenblick voller Magie"
Tage später klingelte es an der Haustür.
Mein Nachbar mit einer Schreibmaschine.
„So begann eine Reise voller Emotionen

Kleiner Vogel flieg, kleiner Vogel fliege fort,
weit weg von da, weit weg von hier.
Flieg an einen besseren Ort
und dann flieg zurück zu mir.

Flieg kleiner Vogel, fliege den Sternen nach
und nimm mich mit auf deine Reise.
Du weißt doch noch, wie mein Herz zerbrach,
auf eine Art und Weise.

Meine Lebensphilosophie

Im Norden Anatoliens,
wo die Natur unberührt ist,
wo das Wunder existiert,
wo die Seele das Leben regiert,
genau da bin ich geboren.
Dies ist meine Geschichte vom Viertel des Lebens.

„Ein Viertel des Lebens" hat nichts mit einer Zahl zu tun. Mathematisch könnte man ja das Leben auch gar nicht errechnen. Denn jede Lebensdauer wird durch unser Schicksal bestimmt. Ein Viertel ist also der Bruchteil eines Lebens, ganz gleich, wie viele Jahre dahinterstecken.

Stirbt ein junger Mann mit zwanzig Jahren, dann hat der kaum mit zehn Jahren behauptet, dass er die Hälfte seines Lebens erreicht hat. Genauso wenig, wie jemand mit vierzig Jahren behauptet, die Hälfte seines Lebens erreicht zu haben, der doch über einhundert Jahre alt werden könnte - oder eine Woche nach dem vierzigsten Geburtstag stirbt.

Das alles weiß man eben nicht. Denn der Tod ist stets unser Begleiter. Wenn die Zeit gekommen ist, müssen wir gehen, so traurig das auch klingen mag. Der eine früher, der andere später.

Für einen kranken Menschen, der lange gelitten hat an einer unheilbaren Krankheit, ist der Tod eine Erlösung. Bei einem jungen Menschen, der noch nicht viel von seinem Leben hatte, ist es umso schmerzhafter für die Hinterbliebenen, wenn sein Tod plötzlich eintritt und den Menschen aus dem Leben reißt.

Diejenigen, die einen geliebten Menschen auf irgendeine Weise verloren haben, wissen am allerbesten, wie schmerzhaft das alles sein kann. Manche verkraften es nicht. Sie trauern ein Leben lang. Doch Loslassen muss man lernen, auch wenn es ist nicht einfach ist.

Man sagt, dass die Seele eines Verstorbenen keinen Frieden findet, wenn er nicht losgelassen wird. Sie könne dann nicht ins Licht geführt werden.

Mir fällt es immer noch schwer, meinen Vater zu vergessen. Ich denke fast täglich an ihn. Immer wenn ich jemanden sehe, der meinem Vater ähnelt, schießen mir Tränen in die Augen. Oder ich sehe einen Vater mit seiner Tochter, dann muss ich auch weinen, es erinnert mich an die Zeit damals mit Vater.

Manchmal glaube ich, dass alles eine Illusion ist; aber man muss realistisch bleiben, um zu wissen, dass diese Welt existiert. Doch was wäre der Mensch ohne Träume? Träume sind eine Welt, in die wir flüchten können. Weg vom Alltagsstress, weg von Kummer und Sorgen, ein paar Minuten für sich allein sein. Träume geben neue Lebensenergie. Beobachte jemanden, der träumt! Er ist gelassen, zufrieden, glücklich. Also ist Träumen eine Therapie für sich selbst. Natürlich sollten diese schönen Momente nicht das ganze tägliche Leben einnehmen, sondern ihren eigenen Zeitpunkt gewidmet bekommen.

Es gibt immer mehrere Wege im Leben, die vorbestimmt sind. Welchen Weg man wählt und gehen möchte, das entscheidet man ganz alleine. Es kann der Abgrund sein oder das Ziel. Manchmal gelangt man auf den falschen Weg und schafft es, wieder auf den Richtigen zu kommen. Und manchmal ist es umgekehrt.

Ich wusste, dass es nicht einfach wird, über mein Schicksal zu schreiben. Dennoch nahm ich all meinen Mut zusammen und beschloss, diesen Weg zu gehen.

Den Schmerz, das Leid, all die vergossenen Tränen habe ich von neuem durchlebt, doch dies ist die einzige Möglichkeit, um mit meiner Vergangenheit abzuschließen. Es sitzt so tief in meinem Herzen, dass es blutet und schmerzt. Es wird Zeit, die Wunden zu heilen.

Manchmal frage ich mich, ob es einen Gott oder die Gerechtigkeit gibt? Ich hätte so viele Fragen an Gott, doch diesen Glauben habe ich längst verloren. Die einzige Überzeugung, die ich noch habe ist, dass wir in erster Linie an uns selbst glauben sollten. Wenn ich eins gelernt habe, dann das. In all den Jahren nahm ich das Schicksal hin, wie es mir bestimmt war. Ich hatte keine Wahl.

Das Leben ist ein Geschenk und keine Bestimmung. Es ist auch kein Zufall. Doch was der Mensch daraus macht, liegt bei ihm selbst. Nichts ist für die Ewigkeit. Aus diesem Grund kann man auch keine Zukunftspläne schmieden. Denn es kommt meistens anders.

Nur wenige erkennen die täglichen Wunder. Wer mit dem Herzen sieht, erkennt sie. Denn das Auge sieht nur das Äußere. Ein Wunder ist nicht etwa, dass du einem weißen Hirsch begegnest; ein Wunder ist, wenn eine allein erziehende Mutter ihre Kinder ernähren kann und ums Überleben kämpft.

Wir erwarten immer etwas vom Leben. Wenn keine Erwartungen erfüllt werden, sind wir enttäuscht. Warum ist das so? Das Lehrreichste und Bitterste ist die Erfahrung. Man lernt das Gute vom Bösen, die Wahrheit von der Lüge zu unterscheiden und zuletzt Weisheit zu erlangen. Ich weiß, was es heißt, Enttäuschungen hinzunehmen und mit Dingen fertig zu werden, die nahezu unmöglich erscheinen Doch wenn der Wille stark genug ist, gibt es keinen Berg, der zu hoch, keinen Weg, der zu weit wäre, keine Last, die der Mensch nicht tragen könnte. In bestimmten Lebenssituationen entwickeln wir ungeahnte Stärken. So kann eine Mutter zur Löwin werden, wenn man ihrem Baby Leid zufügt.

Das Wichtigste für einen Menschen ist jedoch sein Herz. Von der Geburt bis zum Tode begleitet es uns zusammen mit der Seele durchs ganze Leben. Manchmal sagt einem das Herz, ob etwas richtig oder falsch ist, manchmal der Verstand.

Doch kein Problem der Welt wäre es wert, dass wir dafür unsere Seele leiden ließen. Schmerz und Freude sind die ständigen Begleiter der Seele durch das Leben. Also warum sorgst du dich? Lebe dein Leben, setze dich nicht selbst aufs Spiel, denn du hast nur dich selbst.

Das Lächeln der reinen Seele

Wann bin ich eigentlich geboren? Und was für ein Stern-zeichen habe ich? Sehr oft stellte ich mir diese Frage, doch die Wahrheit kennt keiner mehr, ich könnte nur spekulieren. Es liegen keine Fakten und Unterlagen darüber vor. Wie traurig mich das all die Jahre gemacht hat! Doch darüber bin ich jetzt hinweg, weil es keine Bedeutung für mich mehr hat. Das Alter ist nur eine Identitätsklärung und eine Zahl. Damals zu jener Zeit hatten die Leute nicht soviel Geld oder Güter. Da meine Familie in Armut lebte, konnten wir uns nichts leisten und erst recht keinen Arzt. Die Babys wurden deshalb alle zuhause ent-bunden, durch meine Großmutter väterlicherseits. Sie war so etwas wie eine Dorf-Hebamme und wusste, wie man Babys auf die Welt bringt.

Man musste das Baby im Bürgerhaus im Dorf anmelden. Das konnte man erst, wenn man genügend Geld besaß. Dann sagten die Leute, dass das Baby gerade heute geboren war. Sie mussten mit einer Geldstrafe rechnen, wenn sie gesagt hätten, dass es Wochen oder gar Monate vorher geboren wurde. Aus Angst verschwiegen sie die Wahrheit. Denn das Baby musste man ja nicht vorzeigen, nur die Daten waren von Bedeutung. Wenn man darauf achtet, bemerkt man, dass viele Türken der älteren Generation am 01.01. geboren sind. Dieses Datum konnte man sich am Besten merken.

Abgesehen davon bekamen die Frauen früher im Dorf so viele Babys, dass sie sich nicht an die einzelnen Geburtstage erin-nern konnten. Zu jener Zeit gab es auch keine Pille oder gar Geld für die Pille. Die Leute waren froh, dass sie leben oder überleben konnten und etwas zu essen hatten. Man hatte sich auch keine Notizen gemacht, weil viele nicht mal lesen oder schreiben konnten.

Die Zahl meiner Geschwister betrug ungefähr 16. Keiner hatte mehr den genauen Überblick. Es überlebten nur sechs Kinder. Ich war das letzte Kind, das in der Türkei geboren worden war.

Das gleiche bürokratische Verfahren wie bei der Geburt galt auch, wenn ein Kind verstorben war. Man brauchte Geld um sein Kind abzumelden und es als verstorben aufnehmen lassen. Den Leichnam wollte keiner sehen, weil die Leute selber für die Beerdigungen aufkommen mussten. Und so behauptete man erneut im Bürgerhaus, dass ein Kind heute verstorben sei, obwohl es schon längst unter der Erde lag. Es klingt makaber, aber das ist wahr. Wie es in den Großstädten der Türkei ist, weiß ich nicht.

Meine Eltern stritten sich oft, wenn ich ihnen die Frage stellte, wann ich geboren sei. Vater war immer der Meinung, dass es draußen blühte und warm war. Mutter war sicher, dass ich erst im Winter geboren sei, es hätte geschneit und wäre mächtig kalt gewesen. Die Kinder waren wie der Wurf eines Tieres, mehr nicht. Wenn sie älter waren, konnten sie dann als Arbeitsmaschinen eingesetzt werden.

Meine Zwillingsbrüder sind mit circa vier Jahren an einer Krankheit gestorben. Man sagte mir, dass ich eine Schwester hatte, die kurz vor meiner Geburt gestorben sei. Sie wurde niemals offiziell für Tod erklärt und ich nie als geboren gemeldet. Ich lebte sozusagen an ihrer Stelle weiter. Der Gedanke ist mir unheimlich.

Als ich zwei Wochen alt war, kamen meine Eltern nach Deutschland, um hier zu arbeiten, damit die anderen Kinder wenigstens gerettet werden konnten. Nur mich ließen sie zurück, die Geschwister gingen nach und nach in das ferne Land.

Ich blieb bei meiner Großmutter. Wir waren zwar kleine Kinder, aber doch schon irgendwie selbständig, spielten vor uns hin oder rannten die Berge rauf und runter, rannten den Tieren hinterher, so etwas wie Kuscheln oder Spielsachen kannten wir nicht. Pampers gab es nicht, sondern Stoffwindeln..

Als ich gerade angefangen hatte zu laufen, teilten sie meiner Großmutter mit, dass ich meinen jüngsten Bruder Tarkan bekommen habe in Deutschland. Man läuft ja bekanntlich mit circa einem Jahr. Doch laut Unterlagen war ich schon über vier Jahre alt. In meinem Ausweis steht: geboren am 20. 10. 1965. Das wurde auch nie geändert. Und somit bin ich vom Sternzeichen Waage. Da Tarkan in einem deutschen Krankenhaus zur Welt kam, stimmt bei ihm das Datum ganz genau.

Meine Eltern schickten regelmäßig Geld und manchmal auch Essen und Kleidung, damit Großmutter mich gut versorgen konnte. Ich kann mich noch sehr gut erinnern, als Großmutter rief: „Zöhre, komm her, dein Vater hat dir Nüsse und Schokolade aus Deutschland geschickt!" Ich rannte, um zu sehen was das war.

„Hier, probier mal". Ich betastete es vorsichtig und kostete. Es schmeckte ganz besonders und außergewöhnlich. Ich bekam es nur selten, nur an besonderen Tagen, denn es war wertvoll für uns. Die Oma hob es für mich auf und gab mir manchmal davon. Ich konnte ihr immer vertrauen. Sie war so eine liebevolle Person. Ich spürte, dass ich bei ihr gut aufgehoben war.

Sie war oft nachdenklich. Dann ging ich zu ihr hin und fragte sie, was sie denn habe, ob sie krank sei? Großmutter drückte mich immer nur, nahm mich auf ihren Schoss und weinte manchmal. Ich dachte dann, dass ich etwas falsch gemacht hätte.

Ich liebte Großmutter sehr. Wenn ich draußen am Berg herumrannte, pflückte ich ihr manchmal Blumen. Ach, wie ist es schön, wenn man einfach Kind sein darf: frei sein, herumtoben, schmutzig machen dürfen und frei von allen Sorgen und Gedanken zu sein. Ich dachte, dass Großmutter meine Mutter sei, weil sie sich ja um mich sorgte. Ich war noch zu klein, um die Wahrheit zu verstehen.

Irgendwann, als ich etwa drei Jahre alt war, erzählte sie mir, wie es wirklich war. Sie sagte, dass die Leute, die in Deutschland leben, und immer Geld schicken, meine Familie sind und irgendwann, wenn sie nicht mehr am Leben sei, ich abgeholt werden würde. Ich weinte und sagte: „Ich will aber nicht zu denen gehen, Großmutter. Ich bleibe für immer bei dir."

Vielleicht spürte sie, dass sie nicht mehr lange zu leben hatte. Wer sollte dann auf mich aufpassen? Die Verwandten hatten selber viele Kinder und kaum etwas zu essen.

Ich hatte einen Lieblingsplatz in den Bergen. Ich kletterte so hoch es ging, setzte mich immer an die gleiche Stelle und starrte ins Tal hinunter. Kinder machen sich auch Gedanken über Dinge, mit denen sie nichts anfangen können. Wir hatten zu der Zeit einen wunderschönen Bernhardiner. Mit ihm spielte ich gern und er rannte mir hinterher, als ob er mich beschützen wollte.

Als es meiner Großmutter nicht mehr so gut ging, rief die Verwandtschaft meine Familie in Deutschland an und schilderte die Situation. Noch bevor sie kommen konnten, erhielten sie erneut einen Anruf, dass Großmutter gestorben sei.

Sie war die Mutter meines Vaters. An jenem Tag, als sie auf dem Divan schlief, gab ich ihr einen Kuss und deckte sie zu, damit sie nicht fror. Danach ging ich zum Spielen. Auf die wunderschönen Berge, zu den vielen Tieren und meinem geliebten Hund. Als ich zurückkam, sah ich die vielen Menschen in unserem Haus. Sie weinten und sangen Klagelieder.

Später erklärten sie mir, dass Großmutter gestorben war. Ich war sehr traurig, ging und spielte mit den Steinen welche vor unserer Haustür lagen. Die Leute kamen und drückten mich an sich und gaben mir Küsse. Ich weiß noch, wie sie sich fragten, was sie mit mir tun sollen. Als ich Großmutter geküsst und zugedeckt hatte, war sie bereits tot. Ich fragte mich nur, warum sie so lange schläft. Ich wusste danach nur, dass sich etwas geändert hatte.

Oma war eine einzigartige Frau. Sie war groß und trug immer Tücher und Turbane auf dem Kopf, mit Schmuck und Ketten.

Die alten Dorfleute trugen oftmals einen Zinktopf auf dem Kopf, der mit Tüchern umhüllt war. Das beugt Kopfschmerzen und Augenschmerzen vor und schützt vor Hitze, sagt man. Auch meine Großmutter trug manchmal solche Zinktöpfe auf dem Kopf.

Die Geschichte von Heidi ist so ähnlich wie meine Geschichte, nur daß ich bei Großmutter war. Ich hatte auch viele Tiere und vor allem Ziegen um mich herum. Wenn ich in den Bergen spielte, folgten mir oft Gänse. Sie wollten die Kekse haben, die mir Großmutter mitgab. Die Gänse waren immer bei mir, wenn ich was zu essen hatte. Wir hattten ja beinahe die gleiche Größe.

Sie versuchten mir immer meine Kekse wegzunehmen, doch ich wollte sie selbst, deshalb bissen sie mir in den Finger und in die Nase. Ich weinte und Großmutter rannte mir entgegen. Sie bemerkte, dass ich an der Nase blutete. Noch bis heute trage ich die Narben der Gänse an meinem rechten Nasenflügel.

Oma war sehr liebevoll und hatte ein großes Herz. Man sagt doch, dass Kinder feinfühlig sind und spüren, wenn sie geliebt werden. Dieses Gefühl hatte ich bei meiner Großmutter, sie war einfach bezaubernd.

Ich war so traurig wegen Oma. Ich dachte, ich lasse sie allein. Und dass sie nichts esse ohne mich und nicht schlafen würde. Ich realisierte nicht, dass sie tot war.

Vater flog sofort in die Türkei. Zum einen mußte er seine Mutter beerdigen und zum anderen entscheiden, was mit mir jetzt geschehen sollte. Er beschloss, mich mitzunehmen. Ich weiß noch, wie er zu mir sagte, dass wir in ein Flugzeug steigen und in ein anderes Land fliegen werden. Ich wusste gar nicht, was ein Flugzeug war. Doch Vater hatte es mir so schön beschrieben und erklärt, dass ich nur noch aufgeregt war und mich einfach freute.

Vater sagte mir, dass ich Großmutter nie mehr wieder sehe. Sie sei jetzt in einer anderen Welt. Ich fragte, ob wir nicht mit dem Flugzeug auch Großmutter besuchen könnten und sie abholen? Vater versuchte mir etwas über den Tod zu erzählen, dass der Mensch kommt und irgendwann wieder geht, wenn die Zeit gekommen ist. Er sagte: „Die Welt gehört uns nicht, wir sind hier nur Gäste. Und Großmutter war schon lange auf der Welt, ihre Zeit war gekommen, und deswegen ging sie fort." Sie sei im Himmel und könne über uns wachen, erklärte er mir.

Der Tag war gekommen. Nachdem Großmutter beerdigt worden war, nahm Vater mich an der Hand und wir liefen zusammen ins Haus, damit er meine Sachen packen konnte. Ich hatte ja gar nicht viel. Vater kaufte mir was zum Anziehen und bereitete mich für den Flug nach Deutschland vor.

Ich wusste, dass etwas anders werden würde. Ich freute mich sehr über meine neue Hose und meinen geringelten Pullover, dazu bekam ich Stiefel. Ich besitze ein Bild mit diesen Sachen, das einzige Bild als ich ein Kind war. Auf diesem Bild kann man meine Traurigkeit erkennen. Mit gebeugtem Kopf zur Seite und dem Blick ins Leere. Warum ich so traurig war, weiß ich auch nicht mehr. Vielleicht, weil ich so was nicht kannte, oder ich in die Fremde ging, oder wegen Oma.

Wir stiegen in unseren Flieger ein. Ich saß am Fenster und versuchte ständig, hinaus zu spähen. Es war ein komisches Gefühl. Wir flogen durch die Lüfte, frei wie Vögel. Vater versuchte, mir zu erklären, was geschehen würde. Die Wolken von oben sehen, das war schon etwas Besonderes.

Wenige Stunden später kamen wir in Deutschland an. In einer Welt die mir sehr fremd war. Die Menschen waren anders, sie sprachen eine andere Sprache, all das kannte ich nicht. Unsere Wohnung war klein, im Hinterhof eines Restaurants in Worms.

Der Weg ins Ungewisse

Zum ersten Mal sah ich den Rest der Familie. Die größeren Geschwister und den kleinen Bruder mit der Mutter. Mit Tarkan hatte ich mich gleich angefreundet und wir spielten zusammen. Damals war er zwei Jahre alt und ich laut Pass fünf. Die Eltern arbeiteten und abwechselnd passten die älteren Geschwister auf uns auf.

Tarkan und ich, wir spielten oft draußen vor der Tür. Ich kann mich sehr gut erinnern, dass wir zusammen im Hof herum gerannt sind und tobten. Damals hatte noch eine deutsche Familie über dem Restaurant gewohnt, ältere Leute. Die schimpften uns immer, weil wir so laut waren. Die Frau brüllte irgend etwas, doch damals verstand ich die Sprache noch nicht. Ich wusste nur, dass es nichts Gutes war. Sie schaute auch immer böse auf uns herunter. Immer wenn wir im Hof spielten, streckte sie ihren Kopf raus und brüllte uns an. Eines Tages, als wir wieder im Hof spielten, öffnete die Nachbarin die Fenster und schüttete über uns zwei Eimer voll mit Wasser aus.

Von da an trauten wir uns nicht mehr in den Hof. Ich erzählte es meinem Vater, der zu den Nachbarn ging und mit ihnen redete. Was er sagte, wissen wir nicht mehr.

Kurz darauf zogen wir um in ein riesengroßes Haus mit zwei riesengroßen Gärten. Oh mein Gott, dachte ich nur, was für ein Paradies. Wir konnten toben soviel wir wollten. Keiner, der uns mit Wasser bespritzte oder beschimpfte! Ich war sehr glücklich. Wir hatten auch jede Menge Obstbäume, wie ich es aus meiner Heimat kannte. Ich gewöhnte mich schnell an das schöne Haus und an das Viertel. Ich lernte auch langsam neue Kinder kennen. Zwar verstand ich sie nie, aber trotzdem spielten wir zusammen.

Uns gegenüber gab es ein älteres Pärchen. Man merkte schon, dass sie Kinder gern hatten. Sie gaben uns immer etwas zum

Naschen. Ich kann mich erinnern, dass der Mann mit seiner Frau immer Pilze sammeln ging. Sie kochten richtig gut und luden Tarkan und mich oft zum Essen ein. Komisch, dass es bei uns nie so geschmeckt hat. Bei Fremden war das Essen immer besser und anders.

Ich fand sie sehr nett und lernte, diesen Leuten zu vertrauen. Oft hatten wir sie einfach mal besucht, und sie gaben uns immer etwas.

Wir hatten auch einen Tante Emma Laden um die Ecke. Wenn wir von irgendjemandem etwas Geld bekamen, holten wir uns sofort Brausebonbons oder Gummibärchen oder irgendwelche Lollys.

Da wir gerne auf der Straße spielten, lernten wir auch etwas Deutsch. Mein erstes deutsches Wort war Salz. Ich dachte, dass die Sprache nur aus einem Wort besteht. Immer, wenn mich jemand in Deutsch etwas fragte, so antwortete ich mit „Salz". Dann fragten sie erneut etwas und ich antwortete wieder mit „Salz". Ich hörte ihnen zu und merkte, dass ich noch mehr Wörter lernen musste.

Alles war mir fremd. Sogar meine eigene Mutter. Nur zu meinem Vater hatte ich ein gutes Verhältnis. Es lag daran, dass er immer mit uns sprach und uns auch mal auf den Arm nahm.

In der Gegend, in der wir aufwuchsen, waren jede Menge Kinder unseres Alters. Ganz viele Jungen und Mädchen. Es waren sogar Zwillinge darunter. An die Namen der Kinder kann ich mich noch sehr gut erinnern. Die Zwillinge hießen Cora und Sandra. Dann gab es den ruhigen Nikolai und den Thomas. Isabelle war die Jüngste und die Kleinste unter den Kindern. Sie sah aus wie ein kleiner Engel mit ihren wunderschönen lockigen blonden Haaren. Tarkan spielte am liebsten mit ihr. Ich wiederum spielte gerne mit Angelika. Sie war so groß wie ich und sie hatte alles was ein Kind haben muss, sogar einen Hund. Manchmal kam sie mit ihren Rollschuhen und fuhr die Straßen rauf und runter und wir schauten ihr zu. Ab und zu liess sie uns auch mal damit fahren.

Einmal wartete ich auf Angelika vor dem Eisentor an ihrem Haus. Sie wohnte gleich gegenüber. Doch sie war nicht da. Da bemerkte ich plötzlich ihren Hund im Hof und wollte mit ihm spielen. Ich dachte, er ist wie mein Hund, den ich in der Türkei hatte. Ich rannte hin und her und ärgerte den Hund, für mich war das spielen. Plötzlich war das Hoftor offen und der Hund kam raus. Er biss mir in die Wade. Ich schrie ganz fürchterlich und versuchte mich von ihm zu befreien, doch der Hund liess nicht los. Ich hatte solche Angst und zitterte fürchterlich.

Da kam Vater angerannt. Er nahm mich sofort auf seinen Arm und brachte mich auf den schnellsten Weg zu einem Arzt. Ich war damals vielleicht fünf Jahre alt. Ich weiß, dass der Arzt versuchte mich zu beruhigen und dass er mir einen Lolli gab. Nach der Behandlung durfte ich wieder mit Vater nach Hause. Liebevoll trug er mich auf seinem Arm, brachte mich heim und deckte mich zu. Er sagte zu mir, ich solle jetzt ein wenig schlafen, damit meine Wunden heilen können. Seit diesem Vorfall traute ich mich nie wieder an einen Hund heran. Ich wusste nicht, warum mich der Hund gebissen hatte, denn meinen Hund in der Türkei hatte ich früher auch immer auf diese Weise geärgert. Er hätte mich nie gebissen. Ich bekam Angst vor dem Hund und dachte, dass er mich nicht vergessen würde und nochmal zubeißt.

Angelika klopfte an diesem Tag an unsere Haustür und wollte mit mir spielen, doch Vater ließ mich nicht gehen. Ich starrte hinter ihr her als sie wieder ging. Wie gern hätte ich mit ihr gespielt, doch meine Angst vor ihrem Hund war größer. Wir durften ein paar Tage nicht aus dem Hause gehen. Ich winkte Angelika manchmal vom Fenster aus.

Das Haus, in dem wir wohnten, war einfach riesig. Wir hatten sogar einen Dachspeicher, dessen Betreten oder gar das

Betreten der Treppe dorthin war für uns Kinder verboten. Umso neugieriger waren wir. Dachspeicher? Was könnte wohl da oben versteckt sein, überlegte ich mit Tarkan. Wir warteten eine Gelegenheit ab, wenn niemand zu Hause sein würde, um auf Abenteuerjagd zu gehen. Es sah schon von weitem ganz gruselig aus. An der Treppe waren überall Spinnenweben. Doch je mehr uns etwas verboten wurde, umso mehr wollten wir es tun. Ganz oben befand sich eine Dachterrasse. Sie hatte kein Geländer außen herum, so dass man herunterfallen konnte. Doch es war uns Kindern egal, die Hauptsache war, hochzugehen und das alles zu erkunden. Ich kann mich gut an ein Jesusbild erinnern. Damals wusste ich ja nicht, wer Jesus war. Ein Mann mit einem Bart in einem goldenen Rahmen. Ich dachte, das könnte vielleicht der Hausbesitzer sein.

Nachdem wir verschiedene Sachen gesehen hatten, dachte ich, wir könnten auch einmal auf die Terrasse gehen. Wir blickten hinunter, als mein mittlerer Bruder Hasan heimkam und uns anschrie, wir sollten sofort herunterkommen, weil er sonst hochkäme und uns an den Ohren ziehe. Wir hatten Schiss und versteckten uns im Speicher. Hasan kam hoch, schrie uns an, holte uns beide herunter und verschloss die Tür mit einem Zusatzschloss. Er hatte einfach Angst um uns.

Ich hatte immer mehr Ärger als Tarkan. Da er jünger war, sollte ich als große Schwester auf ihn aufpassen. Manchmal hasste ich ihn, weil er immer alles bekam und ich nicht. Wenn er was angestellt hatte, so schoben sie es auf mich. Ich war als ältere die Leidtragende. Auch wenn ich sagte, das ich es nicht gewesen sei, wurde ich immer angebrüllt. Ich war sehr eifersüchtig auf Tarkan. Ich war manchmal so eifersüchtig auf ihn, dass ich ihn verhaute. Ich hatte das Gefühl, ich sei nichts wert. Trotzdem spielten wir zusammen, denn ich hatte ja niemanden. Die Eltern und die älteren Geschwister sie waren kaum da. Selbst wenn sie mal da waren, hat sich keiner mit uns beschäftigt. Wir bekamen unser Essen, wurden gebadet und dann konnten wir machen, was wir wollten. Da hat keiner nach meinen Hausaufgaben geschaut, denn sie konnten es sowieso nicht. Die ganze Familie konnte kaum Deutsch sprechen.

Nach der Schule gab es Essen. Dann musste ich die Wohnung putzen und bügeln. Außerdem lernte ich kleine Gerichte kochen. Danach konnte ich etwas spielen gehen, musste aber immer den Kleinen mitnehmen. Das war nervig, aber sonst hätten sie mir auch nicht erlaubt, rauszugehen. Bin ich mal irgendwo ohne Tarkan gewesen, bekam ich das sofort von meiner Mutter zu spüren. Sie schlug mich übel, riss meinen Mund auf und streute mir scharfen Paprika hinein, so dass ich jedes Mal weinte. Ich habe mich dann gar nicht mehr getraut, ohne Tarkan unterwegs zu sein. Warum hasste sie mich so sehr? Er stellte doch mehr an! Aber ihn schonte sie. Ich verstand die Welt nicht mehr.

Manchmal schlug Mutter mir mit Schuhen auf den Kopf. Einmal haute sie mich mit einem Stöckelschuh, so dass ich blutete. Ich schrie fürchterlich. Sie versuchte mich zu beruhigen, weil sie es mit der Angst zu tun bekam, ich würde alles Vater erzählen, wenn er heinkäme. Sie versprach dann: „Sag Papa nichts, du kriegst auch Süßigkeiten." Ich dachte nur ‚o.k.', denn wenn ich etwas petzen würde, dann würde sie mich mehr schlagen. Davor hatte ich Angst.

Als Vater heimkam, bemerkte er, dass ich sehr ruhig war und geweint hatte. Er sah auch das Pflaster auf meinem Kopf. Ich hatte ja ein kleines Loch im Kopf. Er fragte was los war und sie sagte zu ihm, dass ich beim Spielen hingefallen wäre und mich verletzt hätte. Ich wusste sie lügt, aber ich hatte Angst vor ihr.

Manchmal wissen Kinder besser, was richtig oder falsch ist. Doch was können sie schon tun? Sie können sich nicht mal verteidigen.

Wir hatten im Garten einen wunderschönen Kirschbaum, und immer wenn ich traurig war, dann kletterte ich auf den Baum ganz hoch, versteckte mich und weinte vor mich hin. Dort oben konnte mich keiner finden und stören. Ich war für mich alleine. Diesen Kirschbaum liebte ich: die Farben, wenn er blühte und dann die leckeren Kirschen, wenn sie reiften. Auch einen Birnbaum und einen Apfelbaum hatten wir im Garten.

Am Zaun gegenüber war ein Haus mit netten Nachbarn. Ich kann mich an eine ältere Dame erinnern, sie hatte mich sehr gern. Hin und wieder rief sie mir zu, ob ich ihr beim Einkaufen tragen helfen könne. Ich freute mich immer sehr, denn schon als Kind war ich hilfsbereit. Manchmal besorgte ich ihr den Einkauf, wenn es der alten Dame nicht gut ging.

Da ich nicht richtig deutsch sprechen konnte, schrieb sie mir alles auf ein Blatt Papier und gab mir genügend Geld mit. Als ich der alten Dame den Einkauf brachte und das restliche Geld, belohnte sie mich immer. Entweder gab sie mir Süßigkeiten oder etwas Geld, so dass ich mir selbst Süßigkeiten kaufen konnte.

In den Kindergarten bin ich nie gegangen. Dann kam ich ins Grundschulalter.

Vater schulte mich ein. Ich hatte nicht mal eine Schultüte und auch keinen richtigen Ranzen wie die anderen Kinder. Alles war mir so fremd. Plötzlich waren da jede Menge anderer Kinder, die alle eine andere Sprache sprachen als ich. Vater hatte mir zuvor gesagt wie ich mich zu verhalten habe und dass es sehr wichtig sei für später, dass ich viel lerne.

Er bestand auch darauf, dass ich das einzige türkische Kind in meiner Klasse war. So konnte ich besser und schneller die Sprache lernen. Meinem Vater war es immer wichtig, dass ich gut lerne. Zu ihm hatte ich immer eine Art Urvertrauen.

Je mehr er mich mochte, umso mehr hasste mich Mutter. Sie sah mich wie eine Konkurrentin. Was für ein Unsinn. Wenn Vater mir etwas kaufte, so musste Mutter sich auch sofort etwas holen, der Preis mußte dann auch höher als bei meinem Geschenk sein.

Sie war gehässig zu mir, doch zu den anderen Geschwistern war sie sehr nett. Nie konnte ich dieses Verhalten begreifen. Ständig fragte ich mich: ,warum ist sie so? Was hab ich ihr getan?' Umso wichtiger war es für mich mit anderen Kindern zusammen zu sein.

Die Schule fing an mir zu gefallen. Ich weiß sogar noch, dass ich mal sonntags in der Schule war und mich wunderte, warum niemand gekommen war. Irgendwann ging ich heim, sagte zu meinem Vater, dass kein Kind in der Schule war. Er lachte nur und sagte: „Mein Kind heute ist Sonntag, da haben die Schulen zu."

Einmal bin ich sogar mit Masern in die Schule gegangen. Im Schulhof waren viele Kinder. Ich sagte: „Ich Masern!" Plötzlich rannten die Kinder vor mir weg. Ich hatte ja keine Ahnung, dass es ansteckend war. Ich ging zu meiner Lehrerin und wollte in die Klasse, doch sie schickte mich heim. Ich weinte, war sehr traurig, dachte ich dürfte nie wieder zur Schule.

Neben mir saß ein Junge, den ich beneidete. Sein Name war Benno. Seine Schulsachen waren schöner als meine. Die Stifte, das Mäppchen. Wir hatten fast den gleichen Heimweg. Einmal zeigte er mir, wo er lebte. Als wir vor seinem Haus standen, sah uns seine Mutter und bat mich auch rein. ,Was für ein wunderschönes Haus', dachte ich mir, und vor allem wie groß es war. Man konnte sich fast verlaufen.

Bennos Mama war nett und liebevoll. Sie gab mir eine Tafel Schokolade. Ich konnte es kaum abwarten, nach Hause zu gehen und meine Schulsachen abzulegen und diese Köstlichkeit zu genießen. Eine Weile später stand ich wieder vor diesem großen Haus und wartete einfach davor. Seine Mutter bemerkte mich und ließ mich rein. Ich ging zu Benno und wir spielten zusammen. Er hatte ziemlich viele Spielsachen. So eine Vielfalt kannte ich gar nicht! Umso mehr staunte ich und bewunderte alles. Manchmal lieh ich mir von ihm Bleistifte. Da ich keinen Spitzer besaß, spitzte ich seine Stifte mit einem Messer und gab sie ihm wieder zurück. Sie waren bald ganz kurz.

Bei Benno fühlte ich mich immer wohl. Es war alles so harmonisch bei diesen Leuten. Ich fragte mich, warum Mutter mich nie so anlächelte wie diese Frau. Er hatte noch zwei ältere Geschwister. Sein Bruder hatte ein Schlagzeug und ich durfte darauf spielen. Sie erlaubten mir so vieles. Und so kam es, dass ich oft mehr bei ihnen war, als zu Hause.

Benno wurde zu meinem Freund und Beschützer. Ich kann mich gut an eine solche Situation erinnern. Ich hatte als Kind immer lange Haare, die Mutter zu zwei Zöpfen flocht. Da ich ja keine schönen Haarspangen besaß, hatte ich immer Gummi im Haar. Ich nannte es Unterhosengummi, dieses weiße Durchzuggummi. Die Kinder ärgerten mich und sagten „Iii, schaut mal, die Zöhre hat Unterhosengummi im Haar!" Ich weinte und mein Freund Benno beschützte mich. Er verjagte die Kinder und sagte zu ihnen: „Lasst sie in Ruhe, die haben nicht viel Geld!"

Ich erzählte Vater, dass die Kinder mich auslachten und Benno mich vor ihnen beschützte. Noch am selben Tag ging Vater mit mir in ein Geschäft und kaufte mir ein schönes braunes Wildlederröckchen, eine goldfarbene Bluse und ein paar Haarspangen. Ich war überglücklich, dass ich so etwas Schönes besaß. Fast täglich zog ich die Sachen an und lief voller Stolz in die Schule, damit alle es sehen konnten.

Eines Nachts, als ich sechs Jahre alt war, wachte ich von Mutters lautem Geschrei auf. Ich lief ins Schlafzimmer der Eltern. Mir wurde schnell klar warum Mutter so hysterisch war. Die älteste Schwester Nihal war abgehauen. Mutter weinte fürchterlich um ihre geliebte Tochter. Sie war aufgelöst und traurig, als ob Nihal gestorben sei. Davon war auch der Rest der Familie wach.

Alle standen stumm und sprachlos da. Vater versuchte erfolglos Mutter zu beruhigen. Sie lief zu Nihals Kleiderschrank, sah nach, ob vielleicht die Kleidung noch da wäre. Doch das Meiste hatte sie mitgenommen. Nur Musa wusste von dem ganzen Bescheid. Er hatte ihr auch beim Kofferpacken geholfen und wie versprochen, erzählte er erst spätabends etwas den Eltern davon.

Mutter roch an den übrig gebliebenen Kleidungsstücken. Die umgekrempelten Ärmel der Bluse, alles brachte Mutter heftig zum weinen. Ich lief zu ihr hin in der Absicht, sie zu trösten, doch sie stieß mich weg. Musa sagte nun, dass er jetzt anrufen gehen würde. Als er zurückkam, erzählte er von Nihal und dass wir uns keine Sorgen machen sollten. Ihr ginge es gut, sie habe geheiratet. Ihr Mann war auch noch einer aus der Verwandtschaft.

Nun war ich alleine mit vier Brüdern. Das hieß für mich, dass sich einiges ändern würde. Ich war jetzt das einzige Mädchen daheim und musste die Rolle der großen Schwester übernehmen. Das bedeutete ab sofort kein Spielen mehr, nur noch kochen, putzen und auf Tarkan aufpassen. Wie eine kleine Hausfrau wurde ich erzogen. Ich war der Aufgabe gar nicht gewachsen.

Mir kam es vor, also ob mich Mutter für das Gehen Nihals verantwortlich machte. Wenn ich etwas falsch machte, bekam ich von meiner zu hören, dass Nihal es besser gemacht hätte und was ich doch für ein Schussel sei. Sie gab mir immer das Gefühl, dass ich unwillkommen war und das sie mich hasste. Manchmal fragte ich den lieben Gott, warum Mama mich nicht wollte. Ich kletterte oft auf meinen geliebten Kirschbaum, um eine Antwort darauf zu finden. Die Seele von Kindern ist zerbrechlicher als die der Erwachsenen. Sie vergessen auch nicht so schnell. Manchmal malte ich meiner Mutter schöne Bilder, um ihr eine Freude zu machen. Doch egal, was ich auch immer tat, es war ihr nie gut genug. Meine Geschenke landeten im Abfalleimer. Ich soll ihr keinen Müll schenken, sagte sie dann: „Mach dich an die Hausarbeit, und hör auf mit dem Unsinn."

Je mehr sie mich schubste, umso mehr wollte ich für sie da sein, in der Hoffnung, dass sie mich eines Tages lieben würde. Verrückt, oder? Es war wie die Geschichte vom Aschenputtel und ihrer bösen Stiefmutter.

Nach dem Verlust ihrer geliebten Tochter, musste sich Mutter auch von Ahmed für eine Weile trennen. Das Militär in der Türkei hatte ihn einberufen. Er war damals 18 Monate lang weg. So waren nur noch drei Brüder und ich zu Hause. Ich war sehr traurig darüber.

Kurz darauf mussten wir unser Haus verlassen, da die Vermieter es selbst nutzen wollten. Es war wie ein Fluch. Ich war in der dritten Klasse. Nun musste ich Abschied von meinen vertrauten Freunden nehmen. Ich würde Benno nie wieder sehen. Und seine bezaubernde Mutter, von der ich so schwärmte. Sie war wie eine Königin für mich. Sie besaß Anmut und Grazie.

Eine neue Wohnung ohne Garten. Eine neue Schule ohne Freunde. Ich wusste nicht, was noch alles auf mich zukommen würde. Mutter belastete mich so sehr, dass ich oft Bauchschmerzen hatte. Manchmal besuchten wir auch Nihal. Darauf habe ich mich immer sehr gefreut. Sie gab mir schöne Haarspangen. Es ist schon komisch. Seitdem sie weg war, freute sie sich umso mehr, wenn sie mich sah. Vorher existierte ich für sie lediglich. Jetzt, wo sie weit weg von der Familie war, hatte ich den Eindruck, sie vermisste uns.

Plötzlich gab es wieder eine Veränderung in der Familie. Hasan heiratete. Wieder jemanden aus der Verwandtschaft. Die Wohnung war einfach zu klein für uns, jetzt auch mit einer neuen Schwägerin. Hasan beschloss, mit seiner Frau wegzuziehen. Zu dieser Zeit kam Ahmed zurück. Die Freude, ihn wiederzusehen, war riesig. Besonders Mutter machte Freudentänze. Er beschloss auch zu heiraten, und erneut flog er in die Türkei, um seine Frau herzuholen. Auch er zog weg. Musa ging auch mit. So waren alle drei Brüder weit weg. Wir wussten gar nicht, was uns jetzt erwarten würde. Ich fragte mich, warum die Geschwister alle plötzlich gingen.

Zurück blieben meine Eltern mit Tarkan und mir. Doch das sollte sich schnell ändern. Denn Mutter war erneut schwanger. Ich war jetzt zwölf und Tarkan neun. Also noch ein Geschwisterchen? Mir war es eigentlich egal. Ich hatte eh nichts von meinem Leben. Eine Arbeit mehr oder weniger würde mir jetzt auch nichts mehr ausmachen.

Während andere Kinder auf der Straße spielten, schaute ich traurig zum Fenster hinaus und weinte manchmal. Ich beneidete die Kinder, wie sie lachten und spielten. Ich wusste, für mich war das Spielen und die Sorglosigkeit schon lange vorbei. Jetzt erst recht.

Mutter bekam Wehen und unsere netten türkischen Nachbarn fuhren mit ihr ins Krankenhaus. Solange Mutter im Krankenhaus lag, kümmerten sie sich um uns. Denn Vater hatte immer Spätschicht. Trotzdem kümmerte auch er sich um uns. Ich liebte meinen Vater so sehr.

Tarkan und ich, wir waren schon ganz aufgeregt. Dann klingelte es und Mutter stand mit meinem Vater vor der Tür. Er hatte das Baby auf dem Arm und sagte zu uns: „Da schaut her, sagt mal hallo zu eurer kleinen Schwester!".

Oh mein Gott, ich kann mich noch gut erinnern, wie winzig sie war! Ich dachte, es sei eine Puppe. Und wie süß sie war! Wir waren begeistert. Wer hätte gedacht, dass Mutter mit über 40 noch mal ein Baby bekommen würde? Zumal all ihre Kinder schon groß waren. Meine beiden Schwägerinnen waren auch gerade schwanger. Angeblich wollte Mutter aus Neid auch ein Baby. Ehrlich gesagt, das traue ich ihr zu. Sie hatte noch nie Konkurrenz ausstehen können. Egal was ihre Schwiegertöchter auch besaßen, sie musste es ebenfalls besitzen. Mir war ihr Kampf eigentlich egal, solange sie mich nicht verprügelte für irgendeine Sache, die ich nicht getan hatte.

In meiner neuen Grundschule hatte ich kaum Freunde. Kein Wunder, denn ich durfte ja nie irgendwohin. Doch ich hatte eine einzige Freundin, die ich geheim halten musste. Carina war ihr Name. Immer, wenn ich wusste, dass Mutter nicht zu Hause war, nahm ich Carina mit zu mir. Wir waren in der gleichen Klasse. Sie war einfach meine beste Freundin. Als Carina einmal bei mir zu Hause war, ging plötzlich die Haustür auf und ich hörte Mutter schon nach mir rufen. Schnell versteckte ich Carina hinter der Tür und bat sie, ruhig zu sein. Später würde ich Mutter ablenken und vielleicht konnte Carina unbemerkt gehen. Ich wusste, wenn Mutter jemand Fremdes in der Wohnung sah, dann würde ich wieder Prügel bekommen. An diesem Tag ging es noch mal gut.

Wenn ich von den Prügeln geplatzte Lippen oder eine Beule hatte, durfte ich es niemandem erzählen. Ich hatte viel zu viel Angst, die Wahrheit zu sagen. Ich behauptete, ich sei die Treppe runter gefallen oder gegen eine Laterne gelaufen. Ich hasste das Lügen. Wie gern hätte ich jemandem mein Leid geklagt! Die Angst war größer.

Nur Vater konnte ich mich anvertrauen. Er legte sich dann mit Mutter an, dass sie mich doch in Ruhe lassen soll, und warum sie mich immer prügelte. Darauf keifte sie Vater an, dass er sich raushalten solle. Ihr Geschrei ging ihm auf die Nerven, doch er konnte nichts tun. Er war ja auch immer auf Arbeit. Ich war oft traurig, dass Vater wegen mir Streit mit Mutter hatte. Er tat mir sehr leid. Dann verzog er sich einfach, ging spazieren, um wieder einen klaren Kopf zu bekommen.

Ich beschloss, Vater nichts mehr über die Prügel zu erzählen, damit Mutter ihn in Ruhe ließ. Er war auch sehr traurig, dass seine drei Söhne nicht mehr da waren. Also beschloss er eines

Tages, ein riesiges Haus zu kaufen, damit die Familie wieder vereint wäre. Er liebte all seine Kinder gleich und hatte große Sehnsucht nach denen, die weit weg waren. Mutter war da nicht so sensibel. Sie hatte jetzt das Baby, für das sie alles tat. Die teuersten Strampler mussten es sein. Nichts, aber auch gar nichts war für sie gut genug. Nur vergaß sie darüber, dass sie noch Tarkan und mich hatte. Ich dachte, sie liebt meinen Bruder mehr, weil er der jüngste unter den Buben war. Für mich blieb keine Liebe mehr übrig. Schuldgefühle begleiteten mich damals oft. Ich nahm alles so hin, wie es war. Ich machte einfach, was sie von mir verlangte, hielt meinen Mund und weinte in mich hinein.

Vater suchte unterdessen fieberhaft nach einem großen Haus. Und tatsächlich, er wurde fündig. Also rief er meine Brüder an und erzählte ihnen von dem großen Haus. Es dauerte auch nicht lange, da waren wir alle wieder vereint. Jeder der Brüder durfte sich ein Stockwerk nehmen und wir Kinder hatten endlich unser eigenes Zimmer. Nun waren es auch schon drei Babys. Ahmed hatte einen Sohn, Hasan, eine Tochter, und dann gab es natürlich noch meine kleine Schwester Sezen.

Das bedeutete für mich noch mehr Arbeit. Denn meine Schwägerinnen gingen stundenweise arbeiten, also musste ich auch auf deren Kinder aufpassen. Sobald ich von der Schule kam, durfte ich kochen, dann die Wohnung putzen, und zum Teil die Wohnungen der Schwägerinnen. Ich bügelte auch oft für sie. Wenn absolut nichts mehr zu tun war, setzte ich mich in die Küche und strickte oder häkelte Spitzendecken. Am meisten strickte ich für die Babys.

Das Dienstmädchen Zöhre

Kaum war ich 13 Jahre alt, meinte Mutter, dass es an der Zeit sei, mich zu verheiraten. Sie hatte mich sehr streng und konservativ erzogen. Streng nach den Sitten, Gebräuchen und der Tradition. Sie erklärte mir, wenn ein Mädchen ihre Menstruation bekäme, sei es das Zeichen, dass sie reif für die Ehe wäre. Also lud sie die Familien aus dem Verwandtenkreis ein, die Söhne in meinem Alter oder älter hatten.

Die ersten Bewerber kamen schnell. An einen jungen Mann kann ich mich noch sehr gut erinnern. Mutter empfing den Bewerber im Wohnzimmer, dann rief sie mich herein und bat mich, ihm die Hand zu geben. Ich solle doch mal schauen, wie gut er aussieht. Ich gab ihm die Hand und verschwand wieder schnell aus dem Zimmer.

Er redete sehr lange und hielt schließlich um meine Hand an. Was war das für ein komisches Gefühl! Wie wenn sie um ein Stück Vieh handeln würden. Ich hörte, wie Mutter ihm noch sagte: „Überlass das mal mir, ich bring die schon noch dazu."

Ich hatte solche Angst! Sie hatte ihn nur ausgesucht, weil er Geld besaß und zudem verwandt mit uns war. Aber ich wollte nicht. Er war älter als ich.

Sehr oft kam er uns besuchen, in der Hoffnung, dass ich umgestimmt werden würde. Mutter versuchte mir einzureden, dass es keinen Besseren für mich geben würde, ich solle mich nicht so dumm anstellen, früher oder später müsse ich ja wohl heiraten. Schon allein der Ehre wegen.

Für Mutter hatte das Materielle schon immer eine größere Bedeutung als das Menschliche. Wer die meisten Geschenke brachte und genug Geld besaß, war Mutters bester Freund. Wehe, jemand hatte sie vergessen, dann gnade Gott! Diese Person machte sie schlecht und wollte nichts mehr mit ihr zu tun haben. Das ganze Verhalten Mutters war so abscheulich.

Doch was hätte ich schon gegen sie tun können? Sogar mein geliebter Vater war machtlos gegen sie. Er bekam immer Herzkrämpfe, wenn er sich mit ihr anlegte. Vater stritt sich auch wegen der Geschichte mit den Männern, die als Kandidaten für mich bestimmt waren. Er fragte Mutter, was das solle, ob sie noch ganz normal sei. Ich war doch erst 13 Jahre alt. „Lass das Kind doch erst mal die Schule beenden, einen Beruf lernen, damit sie mal auf eigenen Beinen stehen kann. In ein paar Jahren gibt es auch noch Männer, lass sie in Ruhe".

Wenn er aus dem Haus ging, fing für mich der Horror an. Sie machte mir mein junges Leben zur Hölle. Diese Zeit war für mich die schlimmste. Ich hatte mich geweigert, einen Mann zu nehmen, den sie für mich wollte.

Jetzt erst recht', dachte sich Mutter. Ich wurde immer mehr schikaniert und gedemütigt. Dazu bekamen die Schwägerinnen die nächsten Kinder. Nun hatten wir 5 kleine Kinder im Haus. Ich hatte immer mehr zu tun. Vater wiederum tat umso mehr für mich, je mehr er merkte, wie schlecht es mir erging. Er meldete mich sogar in einer Privat-Abendschule für Stenographie und einen Schreibmaschinenkurs an.

Mit der Schule war ich fertig und fand eine Lehrstelle als Bekleidungsfertigerin. Ich ging sehr gern zur Schule, um auf andere Gedanken zu kommen. Kurz darauf war auch schon der nächste Mann für mich in Aussicht, was wieder von meiner Mutter eingefädelt wurde. Diesmal war es ein bedeutend älterer Mann.

Mutter versprach ihm, dass er mich haben könne. Sie gab ihm ihr Wort. Daraufhin kam er mit seiner Familie. Sie brachten jede Menge Geschenke für uns mit. Sie hatten auch einen Verlobungsring dabei und brachten mir ein Kleid. Ich war sehr traurig und dachte, nun ist es vorbei mit meinem Leben.

Mutter warnte mich diesmal deutlich. Sie würde kein Nein mehr akzeptieren. Wehe, wenn ich mich nochmal weigerte! Ich solle mit ihm lachen und Spaß haben. Doch ich konnte nicht.

Wenn er zu mir sagte, dass er mich mag, antwortete ich, dass ich lieber sterben wollte. Er bemerkte, dass ich nicht wollte, doch Mutter versuchte ihm immer einzureden dass er sich doch bitte gedulden solle, irgendwann würde ich ihn lieben.

Sie traf die Entscheidungen für mein Leben. Auch Vater war ratlos. Ich habe immer versucht, zu lächeln, meinem Vater zuliebe. Auch wenn mein Herz blutete.

Immer wenn wir Besuch hatten, wurde gekocht und ich musste die Gerichte wie ein Kellner servieren und wie ein Butler in der Ecke stehen. Sobald die Teller leer waren, musste ich abräumen und nach weiteren Wünschen fragen. Waren die Gäste fertig, konnte die Familie essen. Meistens aß ich die Reste von dem, was noch übrig blieb. Ob ich satt war, hat niemanden interessiert, außer Vater bekam meinen Hunger mit.

Ich hatte ihn nicht mal zuvor gesehen, außer wenn sie uns besuchten. Mutter sagte mir, ich solle meiner Ausbilderin mitteilen, dass ich demnächst nicht mehr zur Schule kommen werde, weil ich heiraten müsse. Meine Ausbilderin hatte mich sehr gern. Ich sagte genau das, was Mutter von mir verlangte und sie war empört. Sie bat sofort meinen Vater zu sich und versuchte, ihm zu erklären, dass die Ausbildung sehr wichtig sei, und man es nicht einfach so abbrechen könne. Ich hatte eh nicht mehr so lange zu lernen. Als Vater von ihr erfuhr, was Mutter vorhatte, war er entsetzt und gab meiner Ausbilderin Recht. Er sagte, es käme nicht in Frage, dass ich die Ausbildung abbreche. Er würde das regeln mit dem Rest der Familie.

Daraufhin redete Ahmed nicht mehr mit mir, außer: „Geh mir aus den Augen, ich will dich nicht mehr sehen." Sie meinten, dass ich so was wie ein Schandfleck wäre, weil ich mich gegen das Wort meiner Mutter und das Wort meines Bruders gestellt hatte. Er nahm es mir sehr übel. Wenn Mutter ihn rief, dann rannte er und sie befahl ihm, mich zu bespucken und zu prügeln. Ich hatte es so satt, rannte in mein Zimmer und nahm

Tabletten, in der Hoffnung, dass mein Leben bald beendet sei. Doch meistens spürte Vater, dass etwas nicht stimmte und rettete mich immer in letzter Not.

Es war kein Leben mehr. Jeden Tag aufs Neue immer bespuckt zu werden und mit den Worten „du Hure" betitelt zu werden, hatte ich einfach satt. Es zerstörte meine Seele. Ich hatte keinen Spaß am Leben. Ich wusste nicht mal, was eine Hure war. Aus Angst grüßte ich nicht mal die Mitschüler, wenn wir ihnen auf der Straße begegneten. Dann hätte mich Mutter erst recht fertig gemacht.

Nicht einmal heimlich hatte ich einen Freund. Ich war schüchtern und scheu. Mutter war erst recht sauer auf mich, weil ja Vater immer zu mir hielt, und mich verteidigte. Sie waren für mich wie ein Rudel Wölfe. Als Vater beschloss, diese Verlobung wieder aufzulösen, wurde Mutter erst recht sauer. Dass er sich sich mit der ganzen Familie anlegen müsste, war ihm bewusst. Doch ihm war es egal, denn er sah, wie ich gelitten habe.

Vater rief diese Familie an und erklärte ihnen, dass es so nicht gehe, zumal da ich ja noch ein Kind sei und zur Schule ginge. Ganz gleich, was auch Tradition oder Sitte verlangte, Vater beendete das Ganze. An diesem Tag war ich wie neugeboren. Ich hatte ja ganz vergessen, wie man lächelt. An diesem Tag lächelte ich wieder, wenigstens für eine kurze Zeit war ich glücklich. Mir war ein Stein vom Herzen gefallen.

Mein blaues Wunder sollte ich noch erleben. Ich bekam mit, wie sie jetzt auf meinen Vater ständig rumhackten, weil er mich verteidigte. Vater hatte Herzprobleme, das war nicht gut, wie sie mit ihm umgingen. Also mischte ich mich manchmal ein und fragte Mutter, was sie von ihm wolle, sie solle Papa in Ruhe lassen. Wieder mit bösen Worten beschimpft, musste ich das Zimmer verlassen.

Vater war ein ruhiger Mensch. Während sie ihn anbrüllte, massierte Vater sein Herz, denn er hatte Schmerzen. Aufregung bekam ihm nicht, doch was kann man gegen so eine Frau schon tun, wenn sie hysterisch und dominant ist? Dafür, dass ich mich einmischte, sollte ich meine Prügel von Mutter und Ahmed bekommen. Sie würde sich was einfallen lassen, um mich zu beschuldigen, damit mein Bruder mich prügeln konnte. Was für ein Albtraum. Ich dachte mehr an Vater als an mich selbst. ,Hoffentlich passiert ihm nichts', sorgte ich mich oft.

Die türkische Gesellschaft nahm es meinem Vater übel, dass er mich entlobte. Sie sagten immer zu ihm, wo seine Ehre bliebe. Ihre Töchter hätten schon drei Kinder und sind unter der Haube und ob mit mir etwas nicht stimme. Warum er mich nicht verheiraten würde. Mutter hetzte die Leute immer auf meinen Vater, egal wann. Trotz allem war Vater der Herr im Haus und nur er konnte die Regeln bestimmen. Auch wenn Mutter sich wie ein Soldat oder Feldwebel aufführte. Das letzte Wort hatte immer Vater. So sind auch die Traditionen bei uns.

Im letzten Jahr meiner Ausbildung beschloss Vater, mich noch in der Fahrschule anzumelden. Denn alle, die bei uns in der Familie über 18 Jahre waren, machten den Führerschein. Mutter war wie immer gegen mich. Sie fragte, warum ich jetzt auch noch den Führerschein bräuchte. Vater meinte nur, für all die anderen habe er auch bezahlt, also hätte ich das gleiche Anrecht darauf.

Sie sah, wie glücklich ich war. Das passte ihr nicht, also provozierte sie mich aufs Neue: Ich sei doch eh dumm und schaffe das nicht. Es hat mich immer verletzt und gekränkt, wenn sie mich als dumm betitelte. Ich hatte bessere Zeugnisse als die anderen Geschwister, hatte eine Lehre abgeschlossen. Also, warum nannte sie mich so? Auch zu den anderen Bekannten sagte sie immer, dass ich dumm wäre. Das machte mich wütend und zornig. Für mich war es immer das Schlimmste, wenn ich von irgendwelchen Bekannten meiner Mutter zu hören bekam, dass sie wieder einmal schlecht und negativ über mich gesprochen hatte und mich als Taugenichts hinstellte.

Sie behandelte mich wie einen Sklaven. Warum war sie anders zu meinen Geschwistern? Die waren immer frech und respektlos zu ihr, doch zu ihnen war sie nicht so gehässig wie zu mir. Vielleicht bin ich ja gar nicht ihre Tochter? Warum sonst behandelt man ein Kind anders als seine anderen Kinder? Die Wahrheit werde ich nicht erfahren. Um ehrlich zu sein, will ich es auch gar nicht mehr. Jemand so Böses kann gar nicht Mutter sein. Meinem Vater ähnelte ich hingegen sehr.

Das Phänomen Mensch hat kein Wissenschaftler erkunden können. Auch wenn man denkt, dass man einen Menschen kennt, so tut man es nicht. Menschen sind unberechenbar. Ein großer weiser Mann sagte einmal: „Je mehr ich die Menschen kenne, umso mehr liebe ich die Tiere." Man kann dankbar sein, wenn man einen wahren Freund findet auf dieser Erde, dem man seine Seele anvertrauen könnte.

Erzwungene Liebe

In Mainz hatte ich eine Stelle gefunden. Dort wollte ich sofort nach meiner Ausbildung anfangen, doch es kam nicht dazu. Als ich die Ausbildung fertig hatte und meinen Führerschein in den Händen hielt, sagte mir Mutter erneut, dass es an der Zeit wäre, mich zu verheiraten. Ich sei schon eine alte Jungfer. Natürlich bekam ich es wieder mit der Angst zu tun. Wer wird es diesmal sein? An wen würde Mutter mich diesmal verkaufen?

Einer ihrer Verwandten aus der Türkei sollte es sein. Ich hasste mein Leben so sehr! Irgendwie ergab es keinen Sinn mehr. ‚Oh mein Gott', dachte ich nur. Mir drohten Prügel, wenn ich ablehnte. Mir blieb nichts mehr übrig, als mich zu beugen.

Sie rief in der Türkei an und regelte alles mit dem Zukünftigen am Telefon. Dass er bald nach Deutschland käme und sein Leben sich hier ändern würde. Für den Zukünftigen war das wie ein Jackpot im Lotto, ich sollte die Eintrittskarte für Deutschland sein. Für ihn spielte es keine Rolle wie ich war, ob krank oder gesund. Hauptsache, er könne nach Deutschland kommen. Wenn er erst einmal hier wäre und die Aufenthaltserlaubnis hatte, konnte nichts mehr schief gehen. Dann wäre er auch nicht mehr auf mich angewiesen.

Mutter machte alles schnell klar. Sie besorgte die Tickets für den Flug in die Türkei. Bevor Vater überhaupt etwas mitbekam, fädelte sie alles geschickt ein. Sie stellte es so dar, als ob es mein Wille sei, zu heiraten, um jemandem das Leben zu retten, da es in der Türkei so viel Armut gibt.

Wie dreist und schlecht war sie, alles so hinterhältig zu planen! Ich hatte solche Angst vor ihr, dass ich mich gar nicht traute, zu sagen, wie es wirklich war. Ich wollte einfach nicht meinen Vater aufregen, denn ihm ging es sowieso gar nicht gut.

ER wartete bereits am Flughafen, um uns zu empfangen. ER sagte zu mir: „Hallo ich bin dein Mann!" und schüttelte mir die Hand. Er brachte uns zu seinen Eltern nach Hause. Anschließend gingen wir alle in die Stadt zum Standesamt, wo wir sofort getraut wurden. Anscheinend hatte es jemand sehr eilig, bevor ich mich umentscheiden konnte.

Ich war noch erschöpft von der Reise und hatte nicht einmal Zeit die Kleidung zu wechseln. Ich musste unterschreiben und war nun offiziell seine Frau, obwohl ich gar nichts über diesen Mann wusste. Hauptsache, sie hatten die Unterschrift.

Er freute sich, bald nach Deutschland zu kommen. Ich war ihm egal. Er versuchte, mir gegenüber nett zu wirken, bis er einreisen durfte. Damals musste man, wenn eine Einreise war, zuerst ein Jahr verheiratet sein, bis der andere nach Deutschland kommen konnte. Gesetzlich war das so geregelt.

Also flogen wir ohne ihn nach Deutschland. Ich war sehr unglücklich, dass sie mich mit jemandem verheiratet hatten, den ich nicht kannte oder mochte. Natürlich vorerst nur auf dem Papier. Er durfte mich bis zur Hochzeit nicht berühren. So sind unsere Bräuche und Sitten. Das Mädchen muss Jungfrau sein. Abgesehen davon war ich froh, dass er mich nicht anfassen durfte, denn ich mochte ihn gar nicht. Ich war erleichtert, wieder in Deutschland zu sein, somit musste ich ihn nicht sehen.

In meinem Kopf gab es noch die Hoffnung, dass vielleicht ein Wunder geschähe, so dass ich ihn nicht nach Deutschland bringen müsste. Ich hoffte so, dass es irgendwie verhindert würde! All die Gebete, die ich zum Universum schickte, wurden nicht erhört. Stattdessen hat Mutter ein Visum für ihn beantragt. Es erlaubte ihm, für drei Monate als Besucher nach Deutschland zu kommen.

Au wei, das sah gar nicht gut aus für mich. Was sollte ich bloß machen? Sie hatte es wieder mal sehr eilig. Mutter, sorgte dafür dass er nach Deutschland kam und hatte zudem noch die

Hochzeit arrangiert. Oh mein Gott dachte ich nur. Sie hatte zudem noch die Hochzeit in Deutschland arrangiert. Es gab für mich keinen Ausweg mehr. Er war da.

Binnen einer Woche hatte Mutter alles geplant. Sie meinte: „So jetzt wirst du heiraten. Schon in der Türkei hatten sie mir mein Brautkleid ausgesucht. Ein rosafarbenes Abendkleid für den Polterabend und ein weißes Brautkleid für die Hochzeit. Der Polterabend wird im Hause der Braut gefeiert. Es ist so etwas wie Abschied nehmen von der Jungfräulichkeit. Braut und Bräutigam bekommen Henna auf die Hände gemalt, das soll Glück symbolisieren. Jeder Gast, der dort erscheint, muss sich auch mit Henna bemalen lassen. Das bedeutet Anteilnahme am Glück des Brautpaares. Mir war das alles zu viel und unbekannt.

Wir feierten bei meinen Eltern im Haus und im Hof wurde getanzt und gesungen und getrunken. Jeder war glücklich, außer mir. Ich hatte damals eine Konfektionsgröße 34 sehr schmal. Sie zwangen mich zu lachen und zu feiern, doch mir war nicht danach. Ich dachte nur, mein Leben und meine Reinheit würden am nächsten Tag genommen werden.

All die Jahre besitzt du die Reinheit, dann kommt irgendeiner daher und nimmt dir das Ganze. Für mich war das, als würden sie mich morgen zum Galgen bringen. Von diesem Tage an war ich das überaus traurige Mädchen, das nie wieder lachen würde. Ich hatte meinen Glauben verloren. Warum hatte Gott dies einfach zugelassen? Was habe ich getan? Wann habe ich etwas falsch gemacht? Der Polterabend war endlich vorbei. Doch ich war todunglücklich und hatte auch große Ängste vor dem nächsten Tag.

In dieser Nacht konnte ich kaum schlafen. Vater bat mich zu sich in die Küche. Er wollte sich noch ein wenig mit mir unterhalten. Ich merkte, dass es meinem Vater auch nicht gut ging. Er war traurig meinetwegen. Er sah genau, dass ich geweint hatte und sehr traurig war, doch was konnten wir denn alleine schon tun? Mutter und mein ältester Bruder hatten die Fäden in der Hand.

Ich vergesse nie, wie Vater in jener Nacht weinte und zu mir sagte: „Mein Kind, morgen wirst du verheiratet sein. Weit über 500 Gäste werden kommen. Denn so viele Einladungen wurden verteilt. Es wird eine riesengroße Feier geben, in der Jahnturnhalle. Alle Augen werden dann nur auf euch gerichtet sein. Ich weiß, dass du nicht glücklich bist, denn ich bin es auch nicht. Doch es ist fast zu spät um umzukehren. Aber wenn du mir jetzt sagst, du willst das alles nicht, dann brechen wir alles ab. Für dich mein Kind, würde ich das machen, auch wenn sie mich steinigen würden. Ich weiß, dass die Gesellschaft es nicht gerne hören würde, aber ich lasse mein Kind doch nicht leiden, nur damit die Bräuche und Sitten ihre Richtigkeit haben. Ich nehme das alles in Kauf für dich."

Vater sagte auch oft zu mir, dass er bald auswandern würde, nach Kanada, ganz alleine. Da hätte er seine Ruhe vor der ganzen Gesellschaft. Für ihn waren Menschen, Rassen, Farben, alles gleich. Er hatte nie Unterschiede gemacht. Doch die türkische Gesellschaft sah das alles ein wenig anders.

Ich wusste, wenn ich jetzt einen Rückzieher machen würde, hätte das erhebliche Konsequenzen für meinen Vater und mich. Sie würden uns als schlecht abstempeln und wir hätten kein Gesicht mehr. Ich glaubte meinem Vater immer und traute ihm auch zu, dass er irgendetwas unternehmen würde, nur damit ich wieder glücklich wäre. Doch ich konnte nicht verantworten, dass Vater zu leiden hätte. Also sagte ich ihm: „Papa, lass mal, es ist ok. Ich werde diesen Mann morgen heiraten. Mach dir keine Gedanken, vielleicht ist er ja gut zu mir."

Das machte meinen Vater traurig, weil er doch wusste, dass das nicht gut gehen kann. Doch er akzeptierte meine Rede. Ich konnte einfach nicht zulassen, dass die Ehre meines Vaters durch mich ruiniert wäre. Ich wollte, dass Vater immer aufrecht gehen konnte.

Nur aus diesem Grund und um von meiner Mutter wegzukommen, habe ich diesen Mann akzeptiert. Wenn mein Ehemann nach Deutschland käme, bräuchten wir unsere eigene Wohnung. Auf diese Weise würde ich den Prügelattaken meiner Mutter endlich entfliehen.

Zu dieser Zeit fing ich an, heimlich zu rauchen. Denn vor einem Erwachsenen oder vor den Eltern junge Leute nicht rauchen, das wäre respektlos und unverschämt. Also ging ich immer in mein Zimmer, schloss von innen ab, zündete mir eine Zigarette an und rauchte sie am offenen Fenster. Dabei machte ich mir über alles mögliche Gedanken.

Danach besprühte ich mein Zimmer mit einem Duftspray, damit ja niemand etwas bemerkte. Mutter roch es manchmal und brüllte mich an, doch ich bestritt es immer. Die Zigarette war ja mein einziger Trost, meine einzige Beruhigung.

Oh Gott, was mach ich nur! Es gab kein Zurück mehr, nur noch wenige Stunden. Ich musste mich mit meinem Schicksal abfinden. Diese Nacht war für mich die schlimmste Nacht meines Lebens. Denn ab morgen würde ich meine Reinheit verlieren. Der Ehemann trank und feierte mit den Gästen, während ich in meinem Zimmer zurückgezogen war und versuchte, meine Angst vor dem kommenden Tag zu überwinden. Wie würde es wohl sein? Ich wusste nicht einmal, wie ein Mann nackt aussieht, geschweige denn, dass er mich in dieser Hochzeitsnacht entjungfern sollte.

Ich lag in meinem Bett. Die Tür von innen verschlossen, rauchte ich eine Zigarette nach der anderen. Ich wünschte mir, dass die Zeit einfach stehen bliebe, und der nächste Tag nicht käme. Ich weinte die ganze Nacht und irgendwann schlief ich ein.

Zu jedem Hochzeitspaar werden Trauzeugen ausgesucht. Es kommen nur verheiratete Paare in Frage. Deren Aufgabe besteht darin, das Brautpaar aufzuklären, nach dem Rechten zu sehen und auf der Hochzeit nach den Geschenken und dem ganzen Geld und Gold, das das Paar bekommt, aufzupassen. Der Trauzeuge kümmert sich um den Bräutigam und die Trauzeugin um die Braut.

Meine Trauzeugen wurden von der Familie ausgesucht. Sie stand mir bei und klärte mich auf, wie ich es machen und worauf ich Acht geben sollte.

„Hab keine Angst," meinte sie, „das tut nur ein wenig weh, es geht schnell." Dennoch hatte ich große Ängste. Sie erklärte mir auch, dass anschließend das Jungferntuch den Eltern mit meinem Blut als Ehre gebracht werde.

Das Trauzeugenpaar bereitet das Bett vor, in dem das Hochzeitspaar die Zeremonie durchführen würde. Das ist deren Aufgabe.

Der nächste Morgen war da. Ich wachte früh auf und bereitete der Familie das Frühstück. Während alle gemeinsam frühstückten, putzte ich die Wohnung und räumte auf. Danach aß ich eine Kleinigkeit. Die ganze Familie war sehr nervös, als ob sie heiraten würden. Nach und nach duschten sie und zogen sich für die Hochzeit um. Ich musste all unseren Damen auch die Haare föhnen oder hochstecken. Weil ich es gut konnte, gingen sie nicht zum Friseur, das sollte alles ich für sie machen.

Fast alle waren zurechtgemacht. Jetzt musste ich mich selbst irgendwie schnell zurechtmachen, doch die Zeit war sehr knapp. Mutter kam zu mir und meinte, ich solle bitte schnell machen, da die ersten Gäste sich schon in der Turnhalle befanden.

Ich zog mir schnell das Brautkleid über, kämmte mein halblanges Haar seitlich, steckte den Schleier irgendwie mit Klammern ans Haar - hatte mich nicht mal geschminkt. Wir gingen auch nicht zum Fotografen. Was auch gut war. Sonst hätte ich den

Bräutigam verliebt anschauen müssen, als die Bilder gemacht wurden.

Wir stiegen ins Auto, und fuhren um ein paar Straßen und Blocks herum, es wurde gehupt und gewunken. Ich duckte meinen Kopf, weil es mir so peinlich war. Schaute einfach traurig herunter. An der Turnhalle kamen uns alle Gäste entgegen und klatschten Beifall. Ich lächelte kein bisschen.

Tarkan hängte mir die rote Schleife um die Hüfte. Es ist Brauch bei uns, dass der Jüngste Bruder bei der Hochzeit seiner Schwester die Schleife um die Taille bindet. Das soll Glück symbolisieren. Doch auf dieses Glück mit diesem Mann hätte ich gerne verzichtet. Jenen Moment werde ich nie vergessen, als ich vor der Turnhalle vor all den Leuten stand. Ich hatte das Gefühl, als wolle Mutter mich zum Galgen führen, als wäre ich für eine Hinrichtung vorbereitet.

Wir betraten die Turnhalle und wurden auf unsere Plätze geführt. Dort mussten wir dann die ganze Zeit sitzen und den feiernden Gästen zuschauen. Sie lachten und tanzten und gratulierten uns die ganze Zeit über. Ich wünschte nur, dass dieser ganze Spuk hoffentlich bald vorbei sei. Ich sah meinen Vater hin und her laufen, so nachdenklich wie nie zuvor. Vater kam zu mir und gab mir einen Kuss auf meine Stirn. Das tat er immer, wenn er auf mich stolz war. Mein Vater!

Die Trauer war groß, meine Augen flehten um Hilfe, doch wer würde mich befreien?

Gegen Mitternacht muss das Brautpaar mit den Trauzeugen die Halle verlassen. Die Feier geht etwa eine Stunde nach Mitternacht zu Ende. Mit dem Ehemann und den Trauzeugen stiegen wir ins Auto und fuhren in die Wohnung der Trauzeugen. Sie gaben uns die letzten Anweisungen, wie das ganze ablaufen muss und ließen uns allein. Jetzt waren meine Ängste größer denn je. Jetzt sollte ich entjungfert werden von einem Mann, den ich nicht mal kannte und überhaupt nicht mochte.

Die Trauzeugen hatten mit einem extra Tuch in der Mitte das Bett vorbereitet. Darauf sollte mein Blut fließen um es später meiner Familie vorgeführt zu werden. Als der Ehemann versuchte mich auszuziehen, bekam ich es richtig mit der Angst zu tun. Ich sagte ihm: „Mach bitte nicht so schnell."

Ich behauptete, Hunger zu haben und dass ich erst was essen möchte. Es war nur die Angst. Also saß er mit mir in der Küche und ich versuchte zu trödeln und stocherte in meinem Essen herum. Um mich abzulenken, versuchte ich ihn in ein Gespräche zu verwickeln.

Das Telefon klingelte mitten in der Nacht. Es waren die Trauzeugen. Sie wollten wissen, ob es schon erledigt sei. Ich sagte: „Nein, wir sind noch nicht so weit, wir essen noch." Doch ich wusste, früher oder später muss es geschehen, die Familie wartet und die Trauzeugen auch.

Gegen Morgen sagte er: „Es wird Zeit, du musst dich jetzt ins Bett legen." Ich zitterte am ganzen Körper, zog mich nur bis auf die Unterwäsche aus, legte mich ins Bett und zog die Decke über mich. Er hingegen zog sich schneller aus und kam ganz hurtig.

Ich kann das Gefühl nicht beschreiben. Ein menschenunwürdiger, demütigender Augenblick. Er stürzte sich auf mich wie ein Tier. Ich schrie und weinte. Zum Glück dauerte es nicht lange. Maximal drei Minuten. Ich sah, wie sich das Tuch mit meinem Blut färbte. Oh mein Gott, dachte ich nur. Am liebsten wäre ich in diesem Augenblick tot gewesen.

Er stand auf und ging singend in die Küche, während ich mein mit Blut gefärbtes Tuch nahm und mich im Badezimmer einschloss. Ich weinte und weinte um den über mich verhängten Schicksalsschlag.

An der Tür klingelte es und die Trauzeugen waren da, um uns abzuholen. Die Frau klopfte an die Badezimmertür: „Mach dich

48

fertig, wir fahren zu deinen Eltern!" Sie brachte mir Kleidung von sich und wollte das Tuch sehen, um es mitzunehmen.

Zu Hause angekommen, musste ich in meinem Zimmer bleiben und das Jungferntuch auf mein Bett legen, damit die Eltern, Verwandten und Bekannten es begutachten könnten. Mir war das sehr unangenehm, doch was hätte ich schon machen können?

Die erste, die mein Zimmer betrat, war Mutter. Sie schaute nur auf das Tuch. Ich hatte so einen Zorn in mir und so eine Wut! Ich sagte zu ihr: „Schau es dir genau an! Ganz genau bitte, Mutter! Dies ist mein Blut. Du hast mich immer ‚Hure‘ genannt, siehe da ich war noch niemals eine Hure, auch nicht als Kind!"

Mutter verließ wie versteinert das Zimmer. In diesem Augenblick wußte ich, dass ich mehr Größe besaß als Mutter.

Irgendwie war es wie ein Beweisstück meiner Reinheit. Das tat mir gut. Vielleicht würde sie jetzt anders über mich denken oder sich mir gegenüber anders verhalten und mich mögen.

Jetzt sollte Vater an die Reihe kommen. Mein geliebter Vater. Die Reaktion meines Vaters werde ich nie vergessen. Sie sagten zu ihm: „Komm und schau dir das Tuch an!"

Vater antwortete: „Ich muss das Blut meiner Tochter nicht sehen, um zu wissen, dass sie rein ist. Ich weiß, dass meine Tochter rein ist!"

Ich musste so weinen. Das zeigt mir, dass dieser Mann weise und intelligent war. Dieses Verhalten hat mich sehr berührt! Er war von solch einer Reife, Größe und Klugheit! Ich schloss ihn noch mehr in mein Herz. Warum war Mutter nicht so? Nach und nach kamen auch die anderen Begaffer und schauten es sich genau an. Jeder Besucher, der das Tuch besichtigt, muss auch Geldscheine reinwerfen, so ist es bei uns Tradition.

Es war so peinlich, so entwürdigend.

Da ist ein junges Mädchen, vor ihr das Bettlaken mit ihrem Blut, und jede Menge Schaulustiger kommen und gratulieren einem und werfen ihre Geldscheine rein. Das ist ihr Dank, dass man Jungfrau war. Für mich ist das krank und demütigend, einfach absurd. In der Türkei ist es nicht anders. Da wird das Betttuch aus dem Fenster gehängt, damit jeder, der vorbeiläuft, sehen kann: Aha, dessen Tochter war Jungfrau, also ist das eine Familie mit Ehre.

Doch wehe, man blutet nicht in dieser Nacht. Das Jungfern-häutchen könnte durch Sport gerissen sein, dann muss man ein Attest vom Arzt vorlegen als Beweis. Der Bräutigam ist erst zufrieden, wenn er das Blut sieht. Nur dann ist die Tochter oder Frau etwas wert. Doch wenn man nichts nachweisen kann, so wird die Braut den Eltern zurück gegeben. Als schlechte Ware, einfach zurückgegeben. Second hand!

Das ist das Schlimmste für die Familie. Jeder wüsste dann Bescheid. Die Familie würde ihr Gesicht dank dieser Toch-ter verlieren. Man würde die Familie verspotten. Es liegt dann am Vater, die Ehre wieder herzustellen. Oft wird auch der Bru-der darum gebeten. Das Mädchen muss abhauen, weit weg, so dass sie niemand mehr findet. Am besten einen anderen Namen annehmen, denn wird sie gefunden, muss der Bruder sie erschie-ßen. Nur so wäre die Ehre der Familie wieder hergestellt.

Da war ich ja wirklich froh, dass ich so stark geblutet habe. Ich hatte auch immer Sportunterricht in der Schule. Alles war für mich ein Albtraum. In der Türkei verlangen sie ja auch für die Tochter, wenn sie sie verheiraten, zum Beispiel Kühe, Kamele, Schafe und jede Menge Gold. Das Gold soll man, wenn es der Braut einmal schlecht gehe, in Geld umtauschen, damit sie nicht hungern muss. In den hintersten Dörfern der Türkei gibt es diesen Brauch noch.

Manchmal wird man einander schon bei der Geburt verspro-chen. Kaum geboren, wird schon festgelegt, dass sie einander heiraten sollen. Der Handschlag der Oberhäupter ist ein Ver-trag der Ehre. Soll einer diese Leute verstehen. Ich will es gar nicht. Kinder sind kein Stück Vieh.

Damals in der Sklaverei war es auch nicht anders. Nur wer jungfräulich und gesund war, hatte einen Wert auf dem Markt. Mein Jungferntuch musste ich Jahre lang aufheben. Falls es einer sehen wollte, musste ich es vorzeigen. Oh Gott wie peinlich. Dieses Blut war sozusagen meine Versicherung, damit mir niemand nachsagen kann konnte, ich wäre keine Jungfrau gewesen. Es war ein Beweisstück.

Es werden extra Frauen geschickt, regelrechte Gutachterinnen, die nachsehen, ob es auch ja das Blut der Jungfräulichkeit ist. Dadurch kann man nicht tricksen. Woher, frage ich mich, erkennen die es? Woher sollen die denn wissen, von wo es geflossen ist? Was für ein Quatsch.

Zu der Jungfräulichkeit möchte ich betonen, dass es nicht in jeder Region der Türkei gilt. Zum Beispiel schaut in den modernen Gegenden keiner nach dem Betttuch. Dort ist es nicht so wichtig, ob ein Mädchen Jungfrau ist. Dort sind die Menschen sowieso zivilisierter als in den hintersten Dörfern.

Antalya oder Istanbul sind zwei hochmoderne türkische Städte. Auch kulturell sind diese Metropolen dem Rest des Landes mindestens zwanzig Jahre voraus. Die Familien sind halt manchmal fanatischer und manchmal eher locker, was die Traditionen betreffen. Ich kenne viele, bei denen das Mädchen sich selbst jemanden aussuchen darf.

Bei meinen restlichen Schwestern oder bei den Schwägerinnen hat auch kaum einer nach dem Betttuch gefragt. Also warum haben sie es mit mir gemacht?

Die anderen Geschwister durften sich selbst die Partner aussuchen, nur ich bekam einen vorgesetzt. Es ist auch leider üblich, dass die Familien, die sehr traditionsgebunden sind, auch die Tochter oder den Sohn des Hauses mit der Verwandtschaft ersten Grades verheiraten.

Sie meinen, alles bleibt dann in der Familie und man würde für die eigenen Verwandten besser sorgen, als für jemand Fremdes.

Sie gehen kein Risiko ein, falls die Tochter geschieden werden sollte. In der Verwandtschaft kann man reden und die Sache in Ordnung bringen, so denken viele. Deshalb gibt es so viele Hochzeiten mit Cousinen und Cousins.

Hasan ist zum Beispiel mit meiner Cousine verheiratet. Er wurde aber nicht gezwungen, er wollte sie einfach. Nihal ist mit meinem Cousin verheiratet, sie wollte ihn ebenfalls haben. Beide hatten freie Wahl. Ahmed durfte ebenfalls frei entscheiden, und nahm sich eine Frau als er in der Türkei beim Militär war. Sezen durfte sich sogar andere Nationalitäten aussuchen. Nihal und Tarkan haben sich wieder scheiden lassen, da hatte niemand etwas dagegen.

Am Tag nach der Hochzeit kamen noch viele Besucher, die gratulieren wollten. Mir ging es gar nicht gut, aber ich musste die Gäste bedienen, Kaffee kochen und Essen servieren. Der Mann saß die ganze Zeit mit den Gästen zusammen, ein Pascha, der mich als Untertanin sah. Ich musste springen, noch bevor er mich rief.

Mutter prägte mir ganz genau ein: „Egal was der Mann will, du hast es ohne wenn und aber zu erledigen. Keine Widerreden dem Mann gegenüber und so wenig wie möglich reden." Es würde sich für eine Dame nicht gehören. Und wenn er mich mal schlagen würde, wäre das nicht schlimm, das sei so bei uns. Sie machte mit mir eine regelrechte Gehirnwäsche und ich glaubte ihr. Der Ehemann war ein Verwandter von Mutter. Sie weiß gar nicht, was sie mir damit angetan hat, ich wusste es ebenfalls nicht. Die drei Monate gingen so schnell um und ich war sehr froh, dass er erstmal wieder ging. Doch ich dachte schon daran, dass er neun Monate später wieder kommen würde. Oh Gott!

Vater hatte die ganze Hochzeit finanziert. Auch das Flugticket für den Ehemann bezahlte Vater. Ich war froh und erleichtert darüber, dass er wieder in die Türkei flog. Ich dachte, das Verhalten meiner Mutter mir gegenüber würde sich vielleicht etwas bessern, zumal ich das getan hatte, was sie von mir verlangte. Doch dem war nicht so. Im Gegenteil, sie drängte mich, mir endlich eine Wohnung zu suchen, damit, wenn der Ehemann käme, alles vorbereitet wäre. Bis dahin hatte ich ja ein paar Monate Zeit. Damals habe ich in einem Kaufhaus als Verkäuferin gearbeitet. Meine Kollegen wussten, dass ich bald jemanden aus der Türkei heiraten würde. Ich erzählte ihnen, dass das alles durch Mutter organisiert war.

Meine Kollegen sagten, ich solle mich gegen die Familie stellen und meine Meinung sagen. Doch genau davor hatte ich schreckliche Angst. Sie wussten nicht, was mir blühte. Ich hatte ja nie von den Schlägen erzählt.

Einmal hatten wir Weihnachtsfeier im Betrieb. Mutter erlaubte es nicht, doch Vater konnte sie schließlich überzeugen. Er sagte: „Sie arbeitet doch fleißig und gibt ihr ganzes Gehalt ab. Lass sie wenigstens einmal mit ihren Kollegen feiern."

Sie bestand darauf, dass ich um 22 Uhr wieder daheim sei. Ich war froh, mitgehen zu dürfen. Von Alkohol war gar keine Rede, ich wusste nicht einmal, wie so etwas schmeckt. Also saßen wir alle gemütlich beisammen.

Der Abend war schön, doch ständig schaute ich auf die Uhr, um ja nicht zu spät heimzukommen. Wie es der Zufall will, geschah aber genau das. Ich schaute wieder einmal auf die Uhr und dachte nur: „Komisch, ist ja immer noch halb neun!" Da fragte ich eine Kollegin nach der Zeit. Sie antwortete, dass es gleich halb zwölf wäre.

„Oh mein Gott!", dachte ich nur, „Was mache ich jetzt? Das gibt riesigen Ärger mit meiner Mutter." Ich bat die Kollegin, mich heim zu fahren und erzählte ihr, dass Mutter jetzt Stress machen würde. Sie meinte, sie käme auch mit und erkläre wie es gewesen ist, dass meine Uhr stehen geblieben war.

Als wir zu hause ankamen, ging meine Kollegin mit hoch. Mutter stand schon mit ihrem Nachthemd und einer Nudelrolle in der Hand an der Tür. Sie sagte „Wo kommst du her, du Hure?"

Ich wollte alles erklären, doch dazu kam es nicht. Sie schlug außer sich vor Zorn mit der Nudelrolle auf mich ein.

Meine Kollegin versuchte, dazwischen zu gehen, doch Mutter bat sie, heimzugehen. Also stand ich alleine da und kassierte meine Schläge.

Mutter schrie herum und weckte Vater. „Da schau her, wann die Hure heimkommt! Ich habe dir gesagt, lass sie nicht weg!". Er versuchte, sie zu beruhigen, doch es half nichts. Ich ging in mein Zimmer, schloss die Tür von innen ab und weinte. „Lieber Gott, was habe ich dir getan, warum lässt du das alles zu?"

Am nächsten Morgen stand ich früh auf, bereitete das Frühstück für die Familie vor und machte mich an die Hausarbeit. Wieder mit einem blauen Auge. Als die eine Schwägerin die Treppe hinunter kam und mich so sah, sagte ich nur: „Sie hat es wieder getan."

Ich fühlte mich wie ein Häufchen Elend, aber die Hoffnung verlor ich nie. Irgendwann würde etwas geschehen, was mich aus dieser Lage befreit. Sie drängte mich nahezu jedes Mal, ich solle mir endlich eine Wohnung suchen, da der Ehemann bald kommen würde. Sie sagte auch zu mir, ich solle doch für ihn einen Pullover stricken, dann würde er mich auch lieben, und außerdem ist es in Deutschland kälter als in der Türkei. Hilfe! Hilfe!

Ich schaute mir mit Vater gemeinsam Wohnungen an. Es war für mich das Beste. Wir hatten endlich eine passende gefunden. Man musste allerdings sämtliche Möbel mit übernehmen, sonst hätten wir die Wohnung erst gar nicht bekommen. Die Möbel waren noch nicht so alt, erst ein paar Monate. Der Vorbesitzer hatte noch alle Quittungen aufgehoben. Vater bezahlte eine stolze Summe dafür. Er meinte, dass ihm nichts teuer genug für mich sei, schließlich habe ich ja auch geheiratet. Es waren zwei kleine Zimmer mit Küche und Badezimmer. Fürs erste, meinte

Vater, sei es ok. Ich könne ja später immer noch in eine größere Wohnung ziehen. Diese war komplett renoviert. Ich konnte es kaum abwarten, endlich weit weg von Mutter zu sein. Nur meinen Vater würde ich vermissen.

Wir gingen nach Hause und erzählten Mutter von der neuen Wohnung. Sie war wütend und schrie, wie Vater dazu käme, soviel Geld auszugeben. Warum er nichts vom Sperrmüll für mich geholt hätte. Erregt fuhr er sie an, dass sie zu weit ginge, schließlich hätte ich geheiratet, was sie also noch wolle. Er war außer sich.

Am nächsten Tag gingen wir gemeinsam auf die Bank und ich bekam endlich ein eigenes Konto. Noch nie zuvor hatte ich so etwas gehabt, da ich mein ganzes Geld immer abgeben musste. Vater hatte eine sehr ordentliche Buchhaltung und brachte mir alles bei, was ich wissen musste. Auf der Bank und wie wir das mit dem Konto erledigten, war sehr schön, doch Stunden später verspürte ich eine schwere Last.

Es war doch ein komisches Gefühl. Es war, als ob die ganze Last der Welt auf meine Schultern gelegt worden wäre. Ich musste genau ausrechnen, wo ich wie viel bezahle, was am Ende übrig bliebe und wie weit ich klarkommen würde. Vater gab mir viele Weisheiten mit auf den Weg. Er sagte immer: „Mein Kind, strecke deine Füße nur so lang, wie die Decke reicht."

Noch war ich ja nicht eingezogen, doch den Vertrag hatten wir und die Schlüssel. Einen Schlüssel behielt Vater für sich. Er meinte, wenn mal was sein sollte, für alle Fälle. Wenn der Ehemann käme, gibt er mir den Schlüssel. Als ich von der Arbeit in meine Wohnung ging, sah ich, dass Vater da gewesen war und den Kühlschrank gefüllt hatte. Sogar Schokolade hatte er mir gekauft. Ich war so gerührt, dass ich weinen musste.

Danach ging ich zu Vater, um mich zu bedanken. Mutter war es gar nicht recht, mich wieder zu sehen. Jetzt hasste sie mich gerade.

Als ich meine sieben Sachen gepackt hatte, drehte ich mich zu ihr um: „So, jetzt kannst du feiern, dass du mich endlich los bist. Mach doch was du willst!" Ich hatte die Schnauze voll von ihren Allüren. Nun hatte ich ja einen Fluchtort. Ich wusste nicht, wie es sein würde, Abschied zu nehmen. Doch ich tat es schnell und ohne Reue, schaute nicht einmal nach hinten, nahm den Koffer und ging meines Weges.

Später klingelte es an der Haustür und Vater kam mich besuchen. Er fragte, was los sei, warum ich jetzt schon ausgezogen sei. Ich erzählte ihm von Mutter und ihrer gehässigen Art und dass sie mich fast drängte, zu gehen. Er sagte: „Hast du gut gemacht. Bleib hier."

Für Vater war Platz in meinem Herzen und in meiner Wohnung. Ich sagte ihm, wenn Mutter ihn ärgere, dann könne er hier übernachten. Jedesmal, wenn er zu Besuch kam, brachte er mir Lebensmittel oder Geschenke mit.

Langsam gewöhnte ich mich an die neue Wohnung. Endlich mal keine Tyrannei der Mutter. Es war wie eine neue Geburt und ein Neuanfang. Wenigstens für ein paar Monate hatte ich mein Glück. Ich ging fleißig zur Arbeit und abends ging ich zu den Eltern zu Besuch. Meinem Vater war ich herzlich willkommen, doch meiner Mutter war ich egal. Sie meinte zu mir: „Wenn du schon da bist, dann mach dich nützlich und putze oder bügele! Steh nicht so blöd herum".

Mit der Zeit fragte ich mich, warum ich mir das antue und meine Besuche wurden immer seltener. Der Nachteil an dieser ganzen Sache war, dass ich meinen Vater dann nicht mehr so oft sehen konnte. Da er Herzbeschwerden hatte, war es für ihn auch nicht immer leicht, mich zu besuchen, denn meine Wohnung befand sich im dritten Stock. Viele Stufen ohne Aufzug.

Einmal hatte ich mich so stark erkältet, dass ich bettlägerig war. Fast vier Wochen Grippe mit allen möglichen Symptomen. Vater schaute jeden Tag nach mir, kochte Hühnersuppe und brachte meine Medizin. Als er es meiner Mutter erzählte, war es ihr egal. Sie kam nicht einmal vorbei.

Nun konnte ich auch mal Freunde und Bekannte zu mir einladen, was ich vorher nicht durfte. Weder in ein Schullandheim, noch zu einem Geburtstag hatte ich gehen dürfen. Ich war deshalb verschlossen und scheu, da ich es nicht anders kannte.

Nach der Arbeit nach hause, etwas essen und meine Hausarbeiten machen, etwas Fernsehen und friedlich schlafen gehen. Ich kann das Gefühl gar nicht in Worten fassen, wie es ist, den Schreien dieser Mutter endlich entkommen zu sein und wie ein Mensch zu leben. Ich dachte: „Das Leben kann ja schön sein!" So kannte ich es gar nicht. Doch die Tage vergingen rasch und meine Familie sagte mir, dass sie den Ehemann vom Flughafen abholen werden. Er käme in ein paar Tagen.

Ein Horror für mich. Eines Abends rief mich Mutter an und teilte mir mit, dass der Ehemann da wäre, ich solle doch jetzt kommen und meinen Mann abholen. Ich wusste nicht, wie mir geschah. Mir fiel fast mein Gesicht auseinander, doch was blieb mir übrig.

Also machte ich mich auf dem Weg in mein Elternhaus. Ich wusste nicht einmal, wie ich ihn grüßen sollte. Er saß im Wohnzimmer mit der Familie, ich ging hin, gab ihm die Hand und sagte: „Hallo!"

Dann ging ich rasch wieder raus. Es war so eine peinliche Situation. Da war wieder der Ehemann, den ich kaum kenne, der mich entjungfert hatte und den ich kein bisschen mochte. Nun sollte er mit mir in mein trautes Heim? Oh Gott! Hilfe! Wie würde es wohl sein, wenn er mit mir lebt?

‚Vielleicht ist er ja gar nicht so schlimm, mal schauen, was passiert.' Mutter prägte mir ein, dass es mit der Zeit besser sein würde. Abwarten. Am späten Abend gingen wir dann zu meiner Wohnung.

Er schaute sich um und freute sich über alles. Schließlich war ja jeder Luxus da. In der Türkei hatte er in armen Verhältnissen gelebt, seine Eltern besaßen kaum etwas. Er kam nur mit einem

Koffer voller alter Kleider. Also musste ich ihm jetzt vernünftige Kleidung kaufen. Ich wollte mich ja nicht mit ihm schämen müssen. Also machten wir uns auf den Weg zum Shoppen.

Ich musste für uns beide das Geld verdienen. Da der Ehemann erst nach Deutschland gekommen war, besaß er natürlich noch keine Arbeitserlaubnis. Alle Kosten, die anfielen, musste ich tragen. Er dagegen schlief lange, ruhte sich aus, machte Spaziergänge oder traf sich mit meinen Brüdern auf Kartenabende. Bis in die Nacht spielten sie. Immer wenn ich abends von der Arbeit kam, kochte ich und dann aßen wir, wenn er da war. Ansonsten bereitete ich das Essen, räumte auf, schaute fern und ging zu Bett.

Irgendwann nachts kam er, ging Richtung Küche, aß und kam zu Bett. Ich versuchte immer, ihm klar zu machen, dass er Deutsch lernen müsse und sich auch eine Arbeit suchen solle. Jeden Tag Kartenspielen war keine Beschäftigung. Er zeigte damit, wie sehr Macho der türkische Mann ist.

Ich dachte mir, vielleicht könnte ich ihn dazu bringen, etwas mehr europäisch zu denken. Manchmal versuchte ich mit Ahmed zu sprechen, dass er meinen Ehemann nicht immer zum Kartenspielen überreden soll. Sollte er ihm doch lieber nützliche Tipps geben. Doch Ahmed ignorierte mich und meinte, ich solle mich nicht so anstellen und den armen Mann in Ruhe lassen. Ob ich ein Weichei aus ihm machen wollte.

Natürlich wurde er auch im Freundeskreis der Familie ständig zu Pokern oder Tawlaspielen eingeladen. Manchmal lud er Bekannte zu uns ein und sie spielten und rauchten bis zum Morgengrauen. Die Wohnung stank so nach Qualm, dass es mir übel wurde. Ich musste immer bedienen und schauen, dass es an nichts fehlte.

Ehrlich gesagt, ging mir das auf die Nerven. Doch was hatte ich schon zu sagen? Es wäre doch respektlos oder beleidigend, wenn die Frau etwas sagen würde. Danach würde sie mit dem

Ehemann Stress bekommen. Also traute ich mich gar nicht. Ich machte brav, was man mir befahl, das war selbstverständlich und das Wort „Bitte" gibt es schon gar nicht.

So wurde ich erzogen von meiner Mutter, kannte gar nichts anderes. Das war auch einer der Gründe, warum Mutter mich nie wegließ, damit ich ja nichts anderes sehe oder erlebe. Ich könnte ja andere fragen, wie es so wäre, wie sie leben und sie könnten mir Tipps oder Ratschläge geben, dass ich es mir nicht gefallen lassen müsse. Wie vor hundert Jahren. Ich war eine Sklavin, nur ohne Handschellen.

Oft hatte ich keine Lust mehr zu Leben und wollte mich umbringen. Jeden Tag musste ich funktionieren, wehe, wenn nicht, dann erwartete mich das Übel. Ich hatte nur den einen Hoffnungsschimmer und das war Vater. Ich wußte, er wäre ohne mich sehr traurig. Außerdem wollte ich meinen Vater nicht den Wölfen überlassen. Irgendwie hatte ich das Gefühl, Vater schützen zu müssen. Man sollte niemals seine Hoffnung aufgeben. Und das tat ich dann auch nicht. Vater war meine Hoffnung und ihn würde ich mit Sicherheit niemals aufgeben.

Wenn du das Leben fragst

Wenn man das Leben fragt, wie viel Zeit man noch habe, lautet die Antwort: Nicht mehr lange. Umso wichtiger ist es wirklich, jeden Augenblick zu genießen. Es heißt doch „Sorge dich nicht, Lebe". Natürlich ist es nicht immer einfach, doch man muss lernen, die Dinge hinzunehmen, die man nicht ändern kann, und die Kraft besitzen, die Dinge zu ändern, bei welchen das möglich ist

Das Schicksal bestimmt über unser Leben. Doch man sollte soviel Mut besitzen und seine Einstellung zum Leben in dieser Hinsicht ändern. Denn das liegt an jedem selbst, die Dinge in die Hand zu nehmen.

Vater sagte immer, dass man zu Lebzeiten gut miteinander umgehen muss. Es bringt nichts zu weinen, wenn jemand gestorben ist. Der Tote bekommt es nicht mehr mit. Was er erlebte, Erinnerungen und schöne Zeiten, nur das alleine bleibt. Das Leben und der Tod, die gehören nun mal zusammen. Damit müssen wir lernen klar zu kommen. Wir müssen lernen loszulassen. Wir müssen lernen zu akzeptieren.

Ich hatte nie zuvor einen Toten gesehen. Ebensowenig wollte ich mir vorstellen, jemanden zu verlieren. Da ich sehr emotional bin, würde der Abschied eines geliebten Menschen mein Herz in Stücke reißen. Ich weine schon wenn ich einen traurigen Film sehe, wie zum Beispiel „das Leben ist schön", „Grüne Tomaten", oder „die Farbe Lila". Das waren herzzerreißende Geschichten. Doch am meisten weinte ich bei dem Paten, mit Al Pacino.

Als Lady Diana starb, weinte ich tagelang. An ihr sah ich, daß Reichtum alleine nicht glücklich macht. Für mich bedeutet wahrer Reichtum, wenn ich gesund bin und meinen inneren Frieden gefunden habe. Ich habe ein Dach überm Kopf, habe etwas zu essen, bin gesund. Was will ich mehr?

Ich möchte eine Geschichte über eine frühere Freundin von mir erzählen. Ein bildhübsches Mädchen, gesund und wohlhabend. Immer wenn ich sie sah, war sie deprimiert. Sie sagte immer zu mir, dass es ihr nicht gut ginge. Ich hörte ihr immer zu ohne zu verstehen, was eigentlich ihr Problem war. Sie hatte doch alles wovon andere nur träumten: Bildung, Schönheit, Besitztum. Dennoch war sie immer unzufrieden. Ich hatte nicht mal ansatzweise so viel, aber ich war glücklicher und zufriedener. Die ganze Zeit über machte ich mir Gedanken, wie ich ihr helfen konnte. Eines Tages fiel mir etwas ein und ich rief meine Freundin an, und fragte ob sie kommen könnte, und erzählte ihr von meiner Überraschung für sie. Sie wollte natürlich wissen mit was ich sie überraschen möchte. Ich sagte einfach nur, lass uns loslaufen, du wirst es sehen.

Wir liefen und liefen, und ich führte sie zu einem Gebäude, dem Behindertenheim. Sie war erstaunt. „Ich will dir etwas zeigen", sagte ich. Als sie die armen Wesen sah, verstand sie, worauf ich hinaus wollte. Seit dieser Zeit habe ich sie nie wieder jammern und meckern hören. Sie war dankbar, dass sie und ihre Familie gesund waren und die „Chance zum Leben" hatten.

Wir Menschen sind nur Gäste auf dieser Welt. Wenn es dann soweit ist, müssen wir diese Welt verlassen. Ob uns eine Bessere erwartet, das weiß keiner. Doch Jeder sollte an etwas glauben dürfen. Es wird gesagt, wenn der Tod kommt, spielt sich das ganze Leben vor den Augen in Sekunden noch einmal ab.

Die Türken sagen, wer mit offenen Augen von dieser Welt geht, hat etwas Unerledigtes zurück gelassen. Verlässt man mit geschlossenen Augen diese Welt, so geht man in Frieden. Es ist eine Glaubenssache.

Vor einigen Jahren hatten eine Bekannte und ich einen schlimmen Autounfall, bei welchem wir mit einem anderen Fahrzeug kollidierten. Die Sichtverhältnisse waren sehr schlecht. Wir, aber auch der andere Fahrer, kamen schwer verletzt ins Krankenhaus. Im Nachhinein, können wir sehr froh sein, dass wir mit unserem Leben davon gekommen sind. Wir beide waren in dieser Nacht zum Tanzen ausgegangen. Es war Herbst. Kalt, neblig und stockdunkel. Da wir schon lange nicht mehr Tanzen waren, wollten wir unbedingt mal wieder ausgehen um abzuschalten und Spaß zu haben. Gegen morgens fuhren wir nach Hause. Wir stiegen ins Auto, und unterhielten uns noch ein wenig über den Abend. Sie war eine sehr gute und vorsichtige Fahrerin.

Plötzlich sagte sie zu mir: „Schau mal was ist das da vorne?" Ich drehte meinen Kopf nach vorne auf die Straße, doch durch den Nebel konnte ich es nicht richtig erkennen. Ehe ich mich versah, bemerkte ich etwas ganz Großes aus Metall. Und schon kollidierten wir.

Das Auto überschlug sich ein paar Mal, wir flogen in einen Graben und prallten an einen Baum. Danach war alles dunkel, als ob man einen Fernseher ausschalten würde.

Als ich wieder zu mir kam rief ich den Namen meiner Bekannten. Sie sagte mit schwacher Stimme: „Hilf mir, hole mich hier raus."

Wir beide standen unter Schock und waren schwer verletzt. Ich bemerkte Blut an meinem Kopf. Ich stieg aus dem Auto, um nachzusehen. Wir waren mit einem andren Auto kollidiert, das schon vorher einen Unfall hatte. Auf dem Boden lag ein junger Mann. Er war verletzt, und blutete.

Es war an einer Schnellstraße, also musste ich auch vorsichtig sein, um nicht noch überfahren zu werden. Nach langem bangen, hielt ein Auto nach circa dreißig Minuten an. Die Leute aus dem Auto rannten mir entgegen. Ich sagte zu ihnen, dass da noch zwei Personen sind, und war dann auch wieder bewusstlos geworden, und öffnete meine Augen in einem Krankenwagen.

Der Pfleger sagte mir: „Es wird alles wieder gut, und streichelte mir über meine Hand." Ich dachte, dass ich sterben müsste. Meine Bekannte wurde ebenfalls in einem Krankenwagen zum Krankenhaus gefahren, und der junge Mann wurde mit dem Hubschrauber in die Unfallklinik geflogen. Meine Bekannte hatte mehrere komplizierte Knochenbrüche. Von dem jungen Mann hörten wir überhaupt nichts mehr, und ich hatte Kopfverletzungen und starke Prellungen.

Am nächsten Tag stand es sogar in der Zeitung. „Gerast im Nebel - drei Schwerverletzte". Da hatten doch die Schutzengel ganze Arbeit geleistet. Sollten wir in solchen Situationen, an Schutzengel glauben? Oder war das nur reines Glück? Meine Zeit war noch nicht gekommen, um von dieser Welt Abschied zu nehmen.

Bevor wir den Unfall hatten kam meine Freundin zu Besuch. Sie bringt mir immer etwas Schönes mit. Diesmal war es eine Porzelanfigur, in Form eines Delphins. Sie erzählte mir, dass dieser Delphin vor Jahren in Griechenland eine Menge Leben rettete, indem er einen Schiffbruch verhinderte. Sie erzählte: „Die Urlauber waren in einem Boot auf hoher See. Als sie bemerkten dass das Boot ein Loch hatte und drohte unterzugehen, kam in letzter Not ein Delphin geschwommen. Er, steckte seinen Schnabel in das Loch des Bootes und brachte alle heil an Land."

Das hatte mich fasziniert. Ich küsste den Delphin und stellte ihn auf meinen Fernseher. Ich sagte zu meiner Freundin, mich würde dieser Delphin auch beschützen. Nachdem ich am nächsten Tag aus dem Krankenhaus entlassen wurde und nach Hause kam, bemerkte ich, dass mein kleiner Porzelandelphin herunter gefallen war und der Kopf abgebrochen war. Die Figur könnte kaum herunter fallen und es war auch niemand zu Hause. Man könnte meinen, dass die Figur sich für mich geopfert hatte.

In der Familie wird erzählt, dass Großmutters Bild von der Wand fiel, kurz bevor sie starb. Es gibt Dinge, die man nicht erklären kann. Kurz vor dem Tod sichten manche ihren Todesengel. Der Engel erscheint, und sagt, an diesem Tag, um diese

Uhrzeit hole ich dich, mache dich bereit. Alles Unfug, Aberglaube oder Zufall?

Manche berichten auch von einem so genannten weißen Licht, das durch einen Tunnel kommt. Das sind Leute, die dem Tod ins Auge blickten und wieder zurück ins Leben geholt wurden. So hat bestimmt jeder eine Geschichte aus seinem Leben zu berichten.

Der türkische Glaube besagt, dass sich die Seele noch genau vierzig Tage auf der Welt befindet. Aus diesem Grunde sollte man keine Partys veranstalten oder sich amüsieren. Man solle so lange trauern, bis die Seele Abschied von dieser Welt genommen hat.

Das gilt auch, wenn ein Baby geboren wird. Es darf die Wohnung 40 Tage nicht verlassen. Es wird gesagt, das man dem Neugeborenen die Zeit geben muss, um sich an die neue Wiedergeburt zu gewöhnen. Angeblich wüsste das Baby, dass es wieder geboren würde. Manche berichten, dass sie sich an die eigene Geburt erinnern können.

Alle Menschen sind verschieden. So hat jeder seine eigene Philosophie vom Leben, dem Glauben und dem Tod. Der Tod ist stets unser Begleiter. Ein Glück, dass er nicht sichtbar ist, sonst würden wir uns fürchten und vergessen, das Leben zu genießen.

Ich wollte mir nicht vorstellen, wie es wäre ohne meinen Vater zu sein. Man sagt doch, du weißt erst dann, was du hast, wenn du es verloren hast. Dann erst weiß man seinen Wert zu schätzen.

Warum wird alles nur so selbstverständlich? Wenn es uns gut geht, vergessen wir dankbar zu sein, glauben nicht an Gott. Doch geht es uns schlecht, bitten wir Gott um Hilfe und Kraft. Wie schnell wird der Mensch plötzlich gläubig.

Wir sollten immer dankbar sein, denn es könnte noch schlimmer kommen. Es gibt Leute, die vom Schicksal schwer gezeichnet sind. Dennoch geben sie den Willen zum Leben nicht auf. Solche Menschen können uns ein Beispiel geben.

Dennoch bewundere ich manchmal Menschen mit Schicksalschlägen, wie sie ihren Alltag trotz allem meistern und das Leben genießen. Wir haben zwar Augen, dennoch sehen wir nicht viel. Wir laufen blind durch die Welt. Eigentlich dürfte man nicht klagen und sollte mit dem, was man hat, zufrieden und bescheiden leben. Menschen, die mehr Besitz haben, denen sollte man es gönnen und nicht neidisch sein. Jeder kann auf seine Art und Weise glücklich sein.

Man sagt, die Zeit heilt alle Wunden. Doch sie hinterlassen Spuren. Manche kommen schneller drüber hinweg und manche nie. Jeder verarbeitet es auf seine Art und Weise.

Es gibt ein Türkisches Sprichwort, das besagt: „Halte deine Wohnung sauber, es könnte Besuch kommen. Halte dich sauber, es könnte der Tod kommen." Das bedeutet, dass man immer rasiert und gepflegt sein soll. Die Frauen ganzkörperfrei von Haaren: an den Beinen, dem Genitalbereich und den Achselhaaren. Die Männer ebenfalls frei von Haaren. Stirbt man und ist etwas behaart, so werden einem die Haare noch abrasiert ehe man beerdigt wird. Dieses Sprichwort macht deutlich, dass der Tod stets unser Begleiter ist. Wann er uns mitnimmt, weiß er alleine. Wenn die Zeit gekommen ist, dann bin ich überzeugt, dass ich es spüren werde. Der moslemische Glaube sagt, wenn man vor den Schöpfer tritt, dann nur sehr sauber, gekämmt und gepflegt. Auch die Nägel werden geschnitten.

Im Islam sollte man in den 40 Trauertagen keine Feste feiern, keine Friseurbesuche, und sich auch nicht rasieren. Die Frauen sollten sich nicht schminken und auffällige Kleidung tragen. Ich weiß nicht, was ich davon halten soll. Man trauert im Herzen, wenn man trauern will. Manche tragen auch schwarze Kleidung, ob das wirklich mit trauern zu tun hat, bezweifle ich. Kurz gesagt, ich bin der Meinung, dass mir keiner vorschreiben kann, wie ich trauern soll.

Manchmal erzählt man sich mysteriöse Geschichten. Mir hat mal eine Frau von dem Tod ihres Vaters erzählt: „Vater lag auf dem Boden, um ihn herum Mutter und wir Kinder. Seine Stunde war gekommen. Der Krebs hatte ihn dahin gerafft. Er sagte, dass er nun gehen würde und wartete auf den Todesengel. Doch der kam nicht und kam nicht.

Da bemerkten wir am Fenster einen Vogel, der mit seinem Schnabel an die Fensterscheiben klopfte. Ich lief zum Fenster und ließ den Vogel rein. Was dann geschah mag keiner so recht glauben. Der Vogel flog ins Zimmer über meinen kranken Vater und dann verlies die Seele seinen Körper."

Es war also der Vogel, der den Todesengel verkörperte. Er kam um die Seele des alten kranken Mannes zu holen und ihn von seinem Leid zu erlösen.

Ich weiß auch von einem jungen Mädchen aus der Türkei, das mit Bauchschmerzen von ihrem Vater ins Krankenhaus gebracht worden war. Sie waren jedoch arm. Der Vater lies seine erst siebzehn jährige Tochter dort, und wollte am nächsten Tag mit etwas Geld ins Krankenhaus kommen, um den Arzt bezahlen zu können. Doch als er am nächsten Morgen erneut ins Krankenhaus kam, sagte man ihm, er käme zu spät, seine Tochter sei bereits verstorben. Sie hatte einen Blinddarmbruch. Die Eltern des Mädchens drehten durch. Man hatte ihr auf dem Grabstein ein Brautkleid gelegt.

Der Vater hatte versucht, seiner Frau einigermaßen beizustehen, doch sie verlor den Verstand. Wir reisten damals mit meinem Vater in die Türkei und ich sah die Eltern des verstorbenen Mädchens. Die Mutter hielt jedes andere Mädchen, welches sie sah, für ihr eigenes und somit für lebendig. Sie wollte den anderen klar machen, dass ihre Tochter doch gar nicht tot sei. Es war sehr schwer für mich, damit umzugehen.

Vater schärfte mir ein: „Mein Kind, die Frau hat unter traurigen Umständen ihre Tochter verloren, sie ist jetzt nervlich am Ende. Wenn sie dann zu dir sagt, du seiest ihre Tochter, dann lass sie in diesem Glauben, dass sie wenigstens etwas Frieden hat."

Vater beschloss, den Eltern Geld zu geben. Er half einen würdigen Grabstein aufzustellen und ein Begräbnis zu Ehren der Tochter zu widmen. Ich werde das Gesicht der Mutter nie vergessen, wie sie sich an mich klammerte und jedem erzählte, dass ich ihre Tochter sei. Sie küsste mich ständig und streichelte mich. Ich wusste nicht wie mir geschah.

Nachdem dem Begräbnis flogen wir nach Deutschland zurück. Tagelang musste ich an diese Leute denken, die durch ihre Armut ihre Tochter verloren. Wie grausam ist eine Gesellschaft, die so etwas zulässt. In der Türkei kann man nicht mal zur Schule, wenn man arm ist und hier in Deutschland ist Schule Pflicht. Aus Kindern der armen Länder könnten doch auch mal Architekten, ein Ärzte, oder Lehrer werden, doch sie erhalten von ihren eigenen Leuten diese Chance nicht.

Wenn ich solche traurigen Geschichten und Schicksale höre kann ich tagelang an nichts anderes mehr denken. Wie kann ich den Armen helfen? Ich nehme mit Behörden und sozialen Einrichtungen Kontakt auf und versuche mit ihnen ein Lösung zu finden, welche den Schmerz dieser Menschen lindern soll. Natürlich kann man alleine nicht die ganze Welt retten, doch wenn jeder etwas dazu beitragen würde, könnte viel bewegt werden. Wir könnten eine bessere Welt für unsere Kinder hinterlassen.

Wenn man die folgende Geschichte hört, dann glaubt man an Wunder. Ein kleiner Jungen war auch schwer vom Schicksal getroffen. Es war der Sohn meines Bruders Musa. Dieser lebte in der Türkei. Wir hielten ständig Kontakt zueinander. Er rief mich mal an und teilte mir freudig mit, dass er Vater geworden sei. Natürlich freuten wir uns sehr über dieses Ereignis. Ein Baby war geboren und ich wurde wieder mal Tante.

Ich rief oft an, um mich nach dem Kleinen zu erkundigen. Er schickte mir Bilder. Was für ein süßes Kind. Bald wollte ich in die Türkei fliegen und Musa, seine Frau und den Neffen besuchen. Ich war schon gespannt, ihn zu sehen und ihn auf meinem Arm zu halten. Zwei Jahre vergingen und ich war immer noch nicht dort. Eines Tages rief er mich an und erzählte mir, dass es seinem Sohn gar nicht gut ginge, er dachte, dass der Kleine sich vielleicht erkältet hätte.

Der Junge war ständig müde und schwach, hatte wenig Lust zu essen. Musa beschloss mit dem Jungen nach Istanbul zu fahren, weil es dort die besseren Kliniken gab. Dort fand er heraus, das sein Sohn Leukämie hatte. Musa war ein gebrochener Mann. Es veränderte sein Leben. Er hatte es nicht bemerkt und machte sich Vorwürfe. Er weinte am Telefon. Wir versuchten ihn zu trösten und sprachen ihm unsere seelische und finanzielle Unterstützung zu. Tarkan flog in die Türkei, um Blut zu spenden, da der Kleine immer wieder eine Bluterneuerung brauchte und die Blutgruppen übereinstimmten. Auch ich dachte fieberhaft nach, wie ich helfen könnte. Ich ging von Amt zu Amt, von Kirche zu Kirche. Und plötzlich geschah etwas, mit dem keiner gerechnet hatte.

Eines Morgens in der Frühe klingelte mein Telefon ununterbrochen. Erst war ich zu müde um aufzustehen, doch nachdem es nicht aufhörte, stand ich auf. Es war jemand aus meiner Familie, der mir berichtete, dass wir sofort in die Türkei fliegen müssen, da mein Bruder verstorben war. Ich war geschockt. Musa, mit dem wir vor ein paar Tagen noch sprachen, war plötzlich nicht mehr am Leben? Oh mein Gott!

Ich machte mich schnell fertig und ging zu meiner Familie, da wir in ein paar Stunden am Flughafen sein mussten. Der Schmerz in mir war groß. Ich dachte nur an den kleinen Jungen und seine Mama. Musa konnte das Leid seines Kindes nicht ertragen und gab sein Leben für ihn.

Wir kamen in der Türkei an. Der Leichnam meines Bruders war noch in der Klinik, in der sein Sohn in Behandlung war. Wir ließen das Kind noch im Krankenhaus und kümmerten uns erst mal um die Beerdigung meines Bruders. Es war ein Schmerz den ich nicht beschreiben kann. Meine Schwägerin tat mir richtig leid. Auf der einen Seite ein Kind, das Leukämie hatte, auf der anderen Seite verlor sie ihren Mann.

Nach der Beerdigung fuhren wir zurück nach Istanbul. Die Fahrt dauerte über 20 Stunden. Wir gingen zurück zum Krankenhaus, zu dem kleinen Jungen. Er wusste ja nicht, was geschehen war.

Doch sein Gesicht werde ich mein Leben lang nicht mehr vergessen: wie er mich anstarrte, mit seinen traurigen Augen. Ich durfte ihn nur vom Fenster aus sehen. Er trug einen Mundschutz und war gezeichnet von der Chemotherapie. Das Gesicht ganz schmal, keine Haare, keine Brauen, Wie kann Gott ein so kleines Wesen strafen? Mein Herz war gebrochen.

Ich hatte nur einen Gedanken. Ich musste etwas unternehmen, damit dieses Kind weiterleben kann. Seine Augen starrten mich so an, wie wenn sie mir sagen wollten, hilf mir bitte. Im Krankenhaus herrschten chaotische Umstände. Es war angeblich das beste Krankenhaus in Istanbul, doch die Wände waren verschimmelt, alles vermüllt, einfach unzumutbar. Kein Patient, schon gar nicht kleine Kinder, hatten dort eine Chance zu überleben, zumal alle auf dieser Station an Leukämie erkrankt waren. Am liebsten würde ich alle retten.

Wir mussten zurück nach Deutschland, doch ein Teil der Familie blieb bei dem Jungen. Ich lief von Amt zu Amt und machte mich schlau, wie wir dieses Kind auf dem schnellsten Wege herbringen konnten. Denn nur hier hätte er eine Überlebenschance. Da meine Schwägerin selbst keine Einkünfte hatte, war es die einzige Möglichkeit. Es würde ihr wehtun, auch noch von ihrem Kind getrennt zu sein, doch damit es leben konnte, willigte sie ein. Dank dem Bürgermeister und der Stiftung für Familien in Not, durfte der kleine Junge nach Deutschland.

Er kam sofort in die Klinik in Mannheim zur Behandlung. Der Junge erholte sich schnell nach der Chemotherapie, und nahm auch wieder zu. Als Pflegekind durfte er bei meiner Mutter bleiben. Heute ist aus dem kleinen Kerl von damals ein gut aussehender charmanter junger Mann geworden. Er ist jetzt 18 Jahre alt. Die Ärzte in der Türkei hatten damals erzählt, dass er keine Überlebenschance hätte. Sie gaben ihm nicht viel Zeit. Mit Sicherheit wäre er dort gestorben.

Mittlerweile heiratete meine Schwägerin erneut und kam auch nach Deutschland. Der Junge lebt mit seiner Mutter und seinem Stiefvater zusammen. Er hat auch noch ein paar Geschwister bekommen. Seine Augen habe ich niemals vergessen. Wunder geschehen, man muss sie nur erkennen und daran glauben.

Ich habe noch eine Geschichte zu erzählen, über einen Jungen der mir vor Jahren begegnete. Mein Sohn war, etwa 3 Jahre alt. Wir saßen in einem Burgerrestaurant und ich gab Orkan etwas zu essen und spielte mit ihm. Auf der anderen Seite des Tisches bemerkte ich, wie ein Junge uns die ganze Zeit anschaute. Es war, als ob er mir etwas sagen wollte. Plötzlich kam der Junge an unseren Tisch und fragte ob er sich zu uns setzten darf. Ich sagte natürlich, ja. , setz dich. Er bewunderte meinen Sohn, dass er so schön angezogen sei und wie süß er sei. Ich bedankte mich. Der Junge fragte nach dem Alter meines Sohnes. Ich sagte, dass er 3 Jahre alt sei. Plötzlich sagte der Junge zu mir, dass er mir etwas anvertrauen möchte. Ich fragte ihn, warum gerade mir, immerhin bin ich eine Fremde für ihn. Er sagte, dass er mich schon so lange beobachtet habe und sah wie liebevoll ich mit meinem kleinen Sohn umging. Er hatte das Gefühl, dass er mir vertrauen konnte. Ich fühlte mich geehrt und war neugierig.

Der Junge erzählte mir, dass er 12 Jahre alt sei, dass seine Mutter sich nicht besonders um ihn kümmert, dass sein Vater ihn mit dem Gürtel schlägt und er Angst hatte, heimzugehen.

Aus diesem Grund beschloss er, mal hier, mal dort zu schlafen. Zur Zeit schlief er im Keller eines Hotel, doch der Besitzer würde sich an den Jungen immer vergreifen. Er fragte mich, was er denn nun machen soll. Ich war geschockt, als der Junge mir seine Geschichte erzählte. Fassungslos. Ich dachte nach, wie ich dem Jungen helfen könnte.

Nach Hause konnte er nicht zurück. Es war kurz vor 12 Uhr. Ich fragte den Jungen, ob er mir vertraue. Er nickte nur und sagte ja natürlich sonst würde ich sie nicht ansprechen. Ich sagte ok, dann nahm ich mein Kind unter den Arm und den Jungen an die Hand und ging direkt zum Jugendamt. Dort erzählte ich die Geschichte und bat um Hilfe. Sie nahmen den Jungen sofort auf und kümmerten sich liebevoll um ihn.

Monate später ging ich erneut zu den Behörden, um mich nach dem Jungen zu erkundigen, Die zuständige Sozialarbeiterin, eine sehr nette herzliche Dame, sagte mir, dass es dem Jungen sehr gut ginge, sie ihn auch weiterhin im Kinderheim behalten würden, bis alles weitere geklärt wäre.

Jahre später erfuhr ich, dass der Junge einen Schulabschluss hatte und gerade eine Ausbildung machte. Die Beamtin sagte mir, dass er sich bei mir bedanken wollte und doch nicht mal meinen Namen kenne. Ich war natürlich sehr gerührt. Wie gern würde ich wissen, was aus dem Jungen von damals geworden ist und was er wohl jetzt macht. Ob es ihm gut geht? Ich hoffe es von Herzen.

Die Frage ist, warum Kindern so was angetan wird. Ist es die eigene Unzufriedenheit oder will einer Macht an einem Wehrlosen ausüben? Da ich auch immer geschlagen worden bin, kann ich nachvollziehen, was diese Kinder durchmachen. Man sagt doch, dass Menschen, die mal selbst misshandelt worden sind, dann auch später ihre eigene Kinder misshandeln. Das stimmt so nicht. Ich habe noch nie meine Hand gegen mein Kind erhoben. Denn ich weiß, dass es falsch ist. Man schlägt weder Mensch noch Tier. Ich wünsche mir für mein Kind, was ich mir früher selbst gewünscht habe: Man sollte sich einfach mehr Zeit für seine Kinder nehmen, ihnen mehr zuhören und sie ernst nehmen. Nur so kann man ihnen helfen. Kinder sollten spüren, das sie ihren Eltern vertrauen können und offen mit ihnen reden können.

Hierher gehören auch noch einige Geschichten von Vater. Ich vergötterte ihn. Er war für mich das wertvollste überhaupt. Mit seiner Weisheit und seiner natürlichen bescheidenen Art, eroberte er alle Herzen. Noch dazu war er ein großer Poet.

Die Leute unterhielten sich gerne mit Vater. So ehrlich und ohne Vorurteile hatte ich selten jemanden erlebt. Es spielte keine Rolle für ihn, ob jemand schwarz oder weiß, arm oder reich, religiös oder nicht religiös war. Er sollte einfach nur Mensch sein, und etwas Mitgefühl besitzen.

Seine Philosophie lautete: „Wie du selbst behandelt werden willst, so sollst du auch andere behandeln." Man soll auch keine Boshaftigkeit, oder Gehässigkeit in seinem Herzen tragen. Das schadet der eigenen Seele und zum anderen sind es negative Eigenschaften, die keiner Person würdig sind.

Es sollte auch nicht an Respekt mangeln. Wenn ein Kind den Raum betrat und Vater saß auf einem Stuhl, so stand er auf, um seinen Platz anzubieten. Er setzte sich stattdessen auf den Boden, damit er mit dem Kind auf einer Höhe war. Er erklärte den Kindern so vieles und lehrte sie Dinge fürs Leben. Ich hörte meinem Vater gerne zu, auch wenn ich nicht alles verstand. Dass er mich für mein weiteres Leben vorbereitet hatte, wurde mir erst in späteren Jahren bewusst.

Als Kind kann man mit den Ratschlägen und Weisheiten eines Erwachsenen wenig anfangen. „Die Jahre lehren einem Dinge, die man an den Tagen nicht lernen kann", sagte mal ein weiser Mann. Vater war auch ein genügsamer Mensch. Für ihn spielten die materiellen Dinge keine Rolle. Für ihn stand der Mensch im Mittelpunkt.

Vater war mein Vorbild. Er brauchte keine Armeen um Dinge zu bewegen, sondern einfach seinen Verstand und Intuition.

Er war gewissenhaft, sehr exakt dazu, auf den Millimeter genau musste es sein. Er versuchte auch anderen beizubringen, dass Ordnung das halbe Leben ist. Er war auch ein begabter Handwerker. Man spürte, dass alles, was er machte, mit Liebe und Geduld erreicht wurde. Das Ergebnis konnte sich immer sehen lassen.

Ach, wie gern hätte ich Vater noch bei mir gehabt. Ich wollte doch noch soviel lernen! Vater war für mich ein weiser, heiliger Mann, genügsam, bescheiden. Er erinnerte mich an Gandhi. Ist das etwa die gesuchte Formel, wonach wir Menschen streben? Jeder ist einzigartig und somit für sein Leben selbst verantwortlich. Wir leben unter den selben Sternen, doch jeder hat einen anderen Horizont!

Vater hatte mir mal eine wunderschöne Geschichte erzählt: „Es war einmal ein Vater mit seinem Sohn. Der Vater war ein vorbildlicher Mensch, bescheiden, fleißig und gut. Der Sohn genau das Gegenteil.

Der Mann versuchte seinen Sohn immer gut und richtig zu erziehen und ihm die Dinge zu erklären: Was gut oder schlecht sei, richtig oder falsch, und worauf es im wahren Leben wirklich ankommt. Doch der Sohn war arrogant, hochmütig, stur und ein Egoist dazu. Es hatte ihn nie wirklich interessiert, was sein Vater ihm zu sagen hatte. Er ging nach seinem eigenen Willen, auch wenn er wusste, dass es falsch war.

Der Vater verzweifelte an ihm. Er sagte: „Junge, aus dir wird niemals etwas!" Da wurde der Sohn richtig böse und nahm die Worte seines Vaters sehr übel, wie ein Schlag ins Gesicht. Er war gekränkt und verletzt. Er dachte immer wieder nur daran, dass er es dem alten Herren eines Tages beweisen und zeigen würde, dass er ihm Unrecht tat. Er sollte bereuen, was er gesagt hatte.

Die Jahre vergingen im Fluge. Der Sohn sagte zu seinem mittlerweile gebrechlichen Vater: „Erinnerst du dich, alter Mann, als du sagtest, aus mir wird niemals etwas? Ich habe studiert, bin der Beste meiner Klasse und arbeite auf einen Titel hin." Der Vater dachte sich: ‚Was das wohl für ein Titel ist?'

Weitere Jahre vergingen. Tatsächlich schaffte es der Sohn, Herrscher seines Landes zu werden. Und der Tag X kam. Der König dachte: „Es wird Zeit, meinen alten Herren herbringen zu lassen, damit er sehe, was aus seinem Sohn geworden ist.'

Er konnte es kaum abwarten. Er schickte zwei Soldaten los, die seinen Vater fesseln und zu Füßen des Königs werfen sollten. Der Vater lag vor den Füßen des Königs und schaute gedemütigt und beschämt mit gebeugtem Haupt auf den Boden. Er war noch dazu sehr alt und schwach geworden, doch das kümmerte den König sehr wenig. Im Gegenteil, er genoss es, seinen alten Herren so leiden zu sehen.

Der König sagte: „Schau mich an alter Mann. Ich bin es, dein Sohn, der König, der Herrscher dieses Landes. Kannst du dich denn noch erinnern, als du sagtest: ‚Junge, aus dir wird niemals etwas?' Schau her, schau genau hin, was aus mir geworden ist! Du hast dich getäuscht! Ich habe es weit gebracht! Ich sitze auf dem Königsthron und du liegst erbärmlich vor meinen Füßen. Na, alter Mann, bleibst du immer noch bei deiner Meinung? Sage endlich was dazu!"

Der Vater hob seinen Kopf, blickte mit traurigen Augen den Sohn an und weinte und schüttelte seinen Kopf. Der König fragte ihn, warum er das tut. Der Vater antwortete: „Junge, ich sage es dir noch einmal, aus dir wird niemals etwas."

Der König stand wütend auf: „Alter Mann, wie kannst du es wagen, mit mir so zu reden, zumal ich der König bin!"

Der Alte blieb ruhig: „Mein Sohn, mag sein, dass du jetzt der König bist, das ist mir nicht entgangen. Aber Mensch bist du immer noch nicht! Wenn du ein Mensch wärest, würdest du einen alten gebrechlichen Mann nicht vor deine Füße werfen lassen. Ich hatte dir all diese Dinge beigebracht, aber Du hast es nie verstanden!"

Als Kind habe ich es geliebt, wenn Vater Geschichten erzählte. Ich war begeistert und fasziniert zugleich. Was er sagte und wie er die Geschichten erzählte, inspirierte mich. Ich wusste, in dem was er mir erzählte, steckte immer ein tiefer Sinn.

Manchmal, wenn er Zeit hatte, brachte er mir auch das Dichten bei. Wie lang zum Beispiel die Verszeilen sein dürfen oder was sich besser reimt. Das hat mir immer viel Spaß gemacht.

Ich wollte wie Vater werden. Einen besseren konnte ich mir gar nicht wünschen. Es war mir eine Ehre, ihn als Vater zu haben. Ich war sein größter Fan. Die Leute ehrten und respektierten ihn. Das machte mich stolz. Er war mein Star.

Ich konnte mit ihm über alles reden, er hörte aufmerksam zu. Er war stets ein Optimist und ein positiv eingestellter Mensch. Er liebte die schönen Dinge im Leben und ging behutsam mit allem um.

Vater war groß und schmal. Er trug am liebsten helle Anzüge und hellblaue oder graue Hemden. Es sah alles so toll an ihm aus. Ein markantes Gesicht und gewellte graue Haare. Wenn er einen Raum betrat, dachte man: ‚Was für ein Gentleman.' Als könne man seine Aura sehen. Eine Erscheinung wie ein Engel.

Ich glaube sowieso an Engel. Wenn wir auf die Welt kommen, begleitet uns ein Engel, bis wir sterben. Er wird jedem Leben und jeder Seele bereit gestellt. Alles Schöne oder Traurige bekommt der Engel mit. Wenn du lachst, wenn du weinst oder dich einsam fühlst, sieht es dein Engel. Nach einem Unfall sagt man auch: „Ich hatte einen Schutzengel, der Schlimmeres verhindert hat."

Es sollte etwas geben, wonach der Mensch sich richten kann. „Der Weg ist das Ziel", sagt man. Der eine macht sich auf den Weg den Sinn des Lebens zu suchen und somit Spirituelle Erfahrungen und Weisheit zu erlangen, der andere kostet das Leben in vollen Zügen, intensiv und schnell, dass ihm ja nichts entgeht.

Bei der Geburt bekommen wir das Leben geschenkt. Es gehört uns. Darum können wir selbst entscheiden, wie wir unser Leben gestalten. Wir sind kein Eigentum anderer Menschen. Man sollte das Leben genießen. Lebe und sorge dich nicht, denn es kommt wie es kommt.

Das Leben an sich ist pure Faszination, wie eine Achterbahnfahrt. Mit allen Höhen und Tiefen, mit dem Streben nach Glück. Mal mit Freude und Schmerz, mal mit Glück und Leid verbunden. Die Bereicherung des Lebens ist, dass wir immer lernen und lernfähig sind. Fehler sind Aufgaben, wir lernen jedoch nicht immer aus den Fehlern. Manchmal wollen wir auch nicht akzeptieren, dass wir einen Fehler gemacht haben.

Wie sieht das mit dem Gewissen aus? Man hat ein gutes Gewissen, wenn man weiß, dass man das Richtige getan hat. Der Geist ist ruhig. Man hat ein schlechtes Gewissen, wenn man weiß, dass man Falsches getan hat. Der Geist ist unruhig. Unser Bauchgefühl verrät uns, ob wir das Richtige oder das Falsche getan haben. Bevor man eine Entscheidung trifft, sollte man immer eine Nacht drüber schlafen.

Jetzt folgt eine Geschichte über das Gewissen meines Vaters. Vater klagte über starke Schmerzen im Herzbereich. Daraufhin kam er direkt ins Krankenhaus, in die Intensivstation. Zwei Tage später kam er wieder auf die normale Station. Ich war mit meinen Nerven am Ende und dachte: ‚Hoffentlich passiert nichts Schlimmeres.‘ Ich besuchte ihn Tag für Tag. Mutter hatte unterdessen nichts Besseres zu tun, als seine Sachen durchzustöbern.

Sie hatte schon eine Ahnung, nun suchte sie nach Beweisen. In den Unterlagen entdeckte sie Überweisungen einer bestimmten Summe in die Türkei. Monat für Monat überwies Vater Geld. Sie beauftragte Ahmed, in die Türkei zu gehen, um herauszufinden, an wen diese Summe ging. Als er zurückkam, berichtete er, dass wir eine Halbschwester hätten. Das war das

Geheimnis, das alle kannten, nur ich wusste nichts davon. Als ich ins Krankenhaus zu Vater ging, sprach ich ihn darauf an.

Er sagte: „Ja mein Kind, das stimmt. Es ist sehr lange her. Damals habe ich einen Fehler gemacht und wollte dafür gerade stehen. Aus diesem Grund schickte ich wenigstens etwas Geld, damit sie überleben konnten. Es durfte doch keiner davon erfahren, weil sie ja auch geheiratet hatte. Es wäre sonst zu einem Ehrenmord gekommen. Dies vor mehr als vierzig Jahren. Es sollte niemand zu Schaden kommen."

Als Vater wieder nach Hause kam, hatte sich die ganze Familie gegen ihn verschworen. Man sah ihm an, dass er ein gebrochener Mann war. Er zog sich immer mehr zurück und war so einsam im Herzen, dass er sich ständig Beschäftigungen suchte, um über diesen Schmerz hinweg zu kommen. Die Familie wusste das mit diesem Mädchen, dass Vater ihr aber monatlich Geld geschickt hatte, wussten sie angeblich nicht. Mir war das egal. Er sorgte doch gut für uns alle. Viel mehr freute ich mich über eine gewonnene Halbschwester, die in der Türkei lebte.

Ich war traurig darüber, dass ich es auf diese Art und Weise erfahren musste. Doch besser so, als niemals. Egal, was die anderen Familienmitglieder über Vater dachten, ich hielt immer zu ihm. Er war für mich das Allerheiligste was ich im Leben hatte. Sie versuchten, Vater schlecht zu reden und mich gegen ihn zu hetzen, doch dies gelang ihnen nicht. Keine Macht der Welt hätte das geschafft. Er hatte mir so viel Liebe und Beachtung geschenkt, was ich vom Rest der Familie nie bekam.

Wer waren diese Leute, die sich das Recht nahmen, Gott zu spielen und über Andere zu urteilen? Waren sie Heilige? Natürlich nicht, nur eine Gruppe oberflächlicher, negativ denkender, arroganter Leute. Vater hat hart gearbeitet, um der Familie ein schönes Leben zu ermöglichen. Die Familie war doch auch nicht perfekt, aber dennoch urteilten sie über ihn.

Es tat mir im Herzen weh, meinen Vater so leiden zu sehen. Manchmal bemerkte ich, dass er bis Mitternacht nicht schlief. Er saß nachdenklich da und schrieb Gedichte. Das war seine eigene reine Welt, in der er Zuflucht fand. Er schrieb Gedichte aus Leidenschaft.

Ich nahm all meinen Mut zusammen, und fragte ihn ob er mir das mit dem Mädchen erzählen kann. Er sagte: „Magst du mich denn überhaupt noch? Der Rest der Familie will nichts mehr mit mir zu tun haben. Wie denkst du über diese Sache?"

Das fragte er mich! Ich sagte: „Ganz gleich Vater, wie die anderen denken, das macht dich in meinen Augen und meinem Herzen erst recht noch größer. Für mich bist du mein Vorbild. Mache dir keine Sorgen".

Er war sichtlich gerührt und fragte mich, ob ich Lust auf einen Spaziergang hätte. Er erzählte mir dann die Geschichte mit dem Mädchen. Ich hörte meinem Vater so intensiv zu, weil die Art, wie er etwas erzählte, einen sehr berührte. Und ich bemerkte auch, dass Tränen in seinen Augen standen. Er kämpfte regelrecht dagegen.

Wie gern hätte ich seinen Schmerz und Kummer auf mich genommen, damit er nicht leiden muss! Ich hatte große Angst, ihn zu verlieren. Ich hasste den Rest der Familie dafür, dass sie ihm das angetan hatten. Er sagte immer zu mir: „Sei du immer reinen Herzens, alles regelt sich von ganz alleine!"

Die Zeit heilt alle Wunden und man sprach nicht mehr über diese Geschichte. Doch vergessen konnte sie keiner so schnell. Da Vater ja einen Herzinfarkt hatte, war jede Aufregung dieser Art gefährlich für ihn. Aus diesem Grund zügelte die Familie ihr Temperament. Keiner von ihnen hätte die Schuld tragen wollen, wenn Vater etwas geschehen wäre. Doch bei jedem noch so kleinen Streit wurde es wieder zum Gesprächsthema. Ich legte mich oft mit meiner Familie an, dass sie Vater doch endlich in Ruhe lassen sollen, daraufhin bekam ich Schläge von Ahmed und Mutter, weil ich mich eingemischt hatte. Ich war ja ein Mädchen und hatte noch weniger zu sagen als meine Brüder.

Vater sah das nie so. Für ihn war jeder gleich. Abgesehen davon hasste er alles, was mit Gewalt zu tun hatte. Mutter sagte, ich wäre genauso schlecht wie Vater und meinem Vater sagte sie, was er doch für eine schlechte Tochter habe. Die Familie war der Meinung, dass er mich immer zu sehr verwöhnen würde. Ja das stimmt wohl, er verwöhnte mich mit seiner Klugheit und seiner Weisheit. Es hatte für mich Bedeutung, wenn ich etwas von ihm lernen konnte. Sein Wissen war Reichtum für mich. Ein Schutzpatron der armen Seelen.

Mein Charakter unterscheidet sich sehr von dem meiner anderen Geschwister. Irgendwie war ich vom Aussehen und der Art meinem Vater am ähnlichsten, die Anderen ähnelten meiner Mutter. Sie waren habgierig und auf Materielles bedacht.

Ich schrieb gerne Gedichte wie Vater. Die anderen hatten gar kein Interesse für Philosophie oder Poetik. Wenn jemand sagte, dass ich meinem Vater ähneln würde, dann war ich voller Stolz und fühlte mich geehrt. Er liebte die Natur. Er liebte die Tiere, alles schöne faszinierte ihn.

Er sah die Dinge mit dem Herzen und nicht mit den Augen. Er übte Gerechtigkeit und glaubte an Gott. Er sagte immer, dass in jedem Lebewesen auch Gott stecke. Man solle keinem Tier etwas zu leide tun. Denn wenn man ein Tier treten würde, wäre es, als ob man Gott trete, erklärte mir Vater. Aus einer Raupe entwickelt sich zum Beispiel ein wunderschöner Schmetterling. Das sind die wahren Wunder des Lebens. Und wenn sie noch so klein erscheinen, können sie dennoch etwas ganz Großes bewirken und bereiten uns große Freude und wahre Schönheit.

Vater sagte immer: „Wir kommen nackt auf die Welt und verlassen sie auch so. Ganz gleich, wie viele Reichtümer wir besitzen. Wir lassen sie hier auf dieser Welt. Ob arm oder reich, ob schwarz oder weiß, ob jung oder alt, der Tod nimmt darauf keine

Mit den Nerven am Ende kniete ich hin und ließ meinen Tränen freien Lauf. Die gesamte Nacht bis zum Morgengrauen verharrte ich so und betete, dass Vater schnell gesund werde.

So viele Verwandte und Bekannte waren angereist, um uns beizustehen, dachte ich. Gleich morgens fuhren wir ins Krankenhaus. ‚Warum gehen wir Richtung Pathologie und nicht zu den Zimmern?'

Wir folgten einem Arzt, der uns in einen Raum brachte, wo er eine der Schubladen an den Wänden herauszog. Vater lag darin.

„Oh mein Gott!", ich fing an zu schreien und rannte hinaus. Jemand rannte mir hinterher und versuchte mich zu beruhigen. Mir versagten die Knie, ich sank zu Boden und schrie: „GOTT WARUM? Warum lieber Gott hast du Vater von mir genommen? Warum reißt du mir mein Herz heraus? Gott, warum hast du mir das angetan? Was soll ich nun ohne meinen Vater machen?"

Mit dicken verheulten Augen ging ich zurück wo Vater lag. Ich bat die Leute, mich alleine zu lassen. Im Schock starrte ich auf Vater, konnte mich vor Tränen nicht mehr halten.

An seiner Kleidung waren Blutspuren. Er trug auch noch das hellblaue Hemd, das ich ihm zum Vatertag geschenkt hatte. Umso schlimmer wurde es für mich. Wenn ich mir sein Gesicht anschaute, war es als ob er mir sagen wollte: ‚Weine nicht um mich, ich habe nun meinen Frieden.' .

Er schien zu lächeln, die Hände gefaltet auf der Brust. Schluchzend heulend, schrie ich und rannte auf die Straße, in der Hoffnung, dass mich ein Auto überfährt. Meine Nerven gingen durch, mir war alles egal. Ich wollte einfach nur sterben. Ohne meinen Vater hatte das Leben keinen Sinn.

Wer sollte mich denn vor der Familie beschützen, die mich jahrelang tyrannisiert hatte? Und vor einem miesen Ehemann, der nichts anderes kannte, außer saufen und mich blutig prügeln? Wie konnte Gott mir das antun, fragte ich mich jeden Tag. Hatten denn die jahrelangen Demütigungen nicht gereicht?

‚Es war ein Albtraum', versuchte ich mir immer wieder einzureden. Die Ärzte erklärten, dass er einen Herzinfarkt hatte und jede Hilfe zu spät war.

Ich weiß nicht, wem ich die Schuld geben soll. Meiner Mutter, die ihn nicht ernst nahm? Die Jugendlichen, die Vater auf dem Boden liegen sahen, und keinen Notruf wählten? Die Ärzte die ihn im Krankenhaus erst mal liegen gelassen hatten? Oder dem lieben Gott der mir mein Wichtigstes nahm?

Zwei tage später gingen wir auf den Friedhof, dort hatten sie ihn für die Überführung in die Türkei fertig gemacht. Vater lag im Sarg, der Deckel geöffnet, so dass jeder sich verabschieden konnte. Ein Leichenhemd aus weißer Seide und ein seidenes Kissen, die Hände über der Brust gefaltet. Ich beugte mich über den Sarg und weinte. Meine Kehle war zugeschnürt, die Tränen fielen auf Vaters Gesicht. Ich versuchte einen Satz aus mir zu bekommen, doch es war schwer.

Weinend über ihn gebeugt, sagte ich; „Vater wie konntest du mir das antun? Warum lässt du mich mit den Wölfen alleine? Zu wem soll ich denn nun gehen? Warum mein geliebter Vater, warum nur!"

Als ob ich Stimmen hören würde, vernahm ich Vater: „Hab keine Angst, ich bin immer bei dir und werde dich beschützen, mach dir um mich keine Sorgen mir geht es gut, weine nicht."

Freitags sollte der Leichnam zum Flughafen transferiert werden. Um jeden Preis wollte ich mit in die Türkei fliegen um dort an der Beerdigung meines Vaters zu sein, doch sie ließen mich hier, um auf die Kinder aufzupassen. Statt dessen flog mein Ehemann mit. Er behauptete, er wolle auf meine Familie aufpassen. In Wahrheit wollte er nur seine eigene Familie sehen

Ich konnte mich nicht beruhigen, weinte jeden Tag. Wenn ich ein Mädchen mit ihrem Vater sah, weinte ich noch mehr, fiel in Depressionen. Ich rauchte mehr und aß sehr wenig, dadurch magerte ich ab. Ich bekam die ersten graue Haare.

Eine gute Woche waren die Familienmitglieder in der Heimat. Sie berichteten mir, dass das Flugzeug mit dem Leichnam erst beim dritten Versuch landen konnte. Der Dorfimam erwartete den Leichnam bereits. Gerade als sie den Sarg aus dem Flugzeug holten, fing es an, heftig zu regnen. Der Imam rief in aller Verwunderung: „Allmächtiger, seit neun Monaten regnet es hier nicht. Der Leichnam dieses Mannes kommt an und es regnet in Strömen. Das bedeutet, dieser Mann reinigt sich selbst."

So etwas haben sie noch nie zuvor erlebt. „Dieser Mann ist ein Heiliger, ein sehr reiner Mann." Alle Dorfbewohner weinten um Vater. Sie kannten ihn ja schließlich. Der Leichenschmaus wurde für das ganze Dorf abgehalten und Vater neben meiner Großmutter beerdigt.

Am meisten tat mir weh, dass sie den Leichnam in die Türkei flogen. Wäre er hier beerdigt worden, könnte ich sein Grab pflegen und zu ihm gehen, wenn ich mich einsam fühle. Doch in meinem Herzen war er ganz nah und niemals weggegangen.

Keine drei Wochen nach Vaters Tod plante die Familie, wer wie viel Erbe bekommt. Sie beschlossen, ein Grundstück in der Türkei zu verkaufen, das Vater gehört hatte. Sie konnten kaum abwarten zu erfahren, wie viel Geld Vater hinterlassen hatte.

Mein Ehemann drängte mich, zur Familie zu gehen und meinen Anteil zu verlangen. Mir war das gar nicht recht. Ich trauerte viel zu sehr und woran dieser Typ dachte, war unverschämt. Ich war mit den Nerven am Ende als er mich aufforderte: „Geh doch zu deiner Familie und bestehe auf deinem Erbe." Mein Hass wurde um so größer. Ich schenkte meiner Familie das Erbe, denn woran alle dachten, war sowieso nur das Geld.

All die Tränen, dieses Trauertheater zogen sie bei den Leuten durch, aber sobald sie allein waren, wurde der Taschenrechner rausgeholt und ausgerechnet, wer was und wie viel bekäme.

Sie kauften sich neue Autos, bauten Tennisplätze, Schwimmbäder, neue Möbel. Mir tat das nur weh. Vater hatte hart gearbeitet und kaum einen Cent für sich ausgegeben, nur für seine Familie gespart. Was blieb ihm? Nichts! Er hätte besser etwas für sich selbst getan und gelebt.

Nun war er mit 59 Jahren gestorben und hatte nichts von seinem Leben gehabt. Sobald Geld im Spiel ist, hat man keine Familie oder Geschwister mehr. Sie nahmen sich sogar das Recht heraus, mich zu belügen und zu bestehlen, was mein Erbe betraf.

Ahmed ließ mich Dokumente für die Türkei unterschreiben und erklärte mir, dass er sich um die Dinge kümmern würde, da er ja der älteste Mann in der Familie sei und somit der Herr im Haus. Ich glaubte ihm und gab die Vollmacht beim türkischen Konsulat. Eigentlich unterschrieb ich, dass er über mein Erbe verfügen kann.

Als ich ihn irgendwann zur Rede stellte, hätte er mich fast geprügelt. Ich habe es dann nie wieder angesprochen. Mein Anwalt empfahl mir damals, mein Geld von ihm zu verlangen, doch ich dachte nur: ‚Soll er daran ersticken. Ich brauche kein Geld, um glücklich zu sein.'

Während ich immer weniger zu essen hatte, stopfte sich meine Familie die Bäuche voll und schmiss sogar Essen in den Müll. Von dem, was sie wegwarfen, konnten sich noch ganze Familien ernähren. Ich hätte ein viel zu schlechtes Gewissen.

Ich fiel in Depressionen, habe einfach keinen Sinn mehr in meinem Leben finden können. Den Glauben an Gott hatte ich auch verloren. Auf der Arbeit war ich nicht mehr dieselbe. Meine Kollegen rieten mir, mich zusammenzureißen. Wie ein Häufchen Elend lief ich dort herum. Sie meinten es nur gut mit mir. Doch sie hatten leicht reden, es war ja nicht ihr Schmerz.

Vom Rest der Familie hielt ich Abstand, distanzierte mich von ihnen, auch von anderen Leuten. Ich wollte immer nur alleine sein, um zu weinen und zu trauern. Wenn Gott mir vorschlagen würde: „Zöhre, ich werde dir deinen Vater zurückgeben und dafür nehme ich mir die ganze Familie!" Ich würde dem sofort zustimmen.

Nun stand ich ganz alleine da. Wohin sollte ich gehen? Wer würde mir zuhören? Wenn ich mal Sorgen oder Kummer hatte, war keiner mehr da, der mir vielleicht einen Rat geben könnte. Wer sollte mich nun auffangen, wenn ich am Ende meiner Kräfte angelangt war? Es half alles nichts. Ich musste da durch.

Zwei Jahre nach Vaters Tod starb auch Musa mit 32 Jahren an einem Herzinfarkt.

Das war eine schlimme Zeit für mich. Denn Musa hatte ich unheimlich gern gehabt. Er war ein herzensguter Mensch, still bescheiden, hatte seine eigene Welt, tat keiner Fliege was zu leide. Durch falsche Freunde war er jedoch auf die schiefe Bahn geraten. Über zwanzig Jahre war er schon in Deutschland, hatte kaum gearbeitet, nahm Drogen und Alkohol. Er kümmerte sich um keine Papiere.

An meinem Hochzeitstag ging er in ein türkisches Cafe zum Pokern. Die Polizei machte eine Razzia und verhaftete die Anwesenden. Als sie sahen, dass Musas Pass abgelaufen war, blieb er in Untersuchungshaft. 3 Tage später wurde er abgeschoben in die Türkei.

Vater flog in die Türkei und bat ihn zum Militärdienst, damit er endlich zur Vernunft komme. Musa folgte der Bitte und war nach den 18 Monaten wie umgewandelt. Leider starb Vater eine Woche vor dem Ende der Militärzeit. Das hatte Musa nicht verkraftet. Die Familie gab ihm die Schuld an dem Tod des Vaters, weil er ihm Kummer bereitet hätte. Er wäre das schwarze Schaf in der Familie.

Musa musste mit einem schlechten Gewissen leben. Ich versuchte ihn immer wieder aufzubauen. Schrieb ihm Briefe zum Militär und auch danach. Ich war die einzige Person, die mit ihm Kontakt hatte. Er war ja in der Türkei ganz alleine.

Die Familie flog in die Türkei um Musa zu verheiraten. Sie übergaben ihm das Haus, das einst Vater erbaut hatte. Doch was brachte ihm das, wenn sie ihn jedes Mal fertig machten.

Als wir dann erfuhren, dass Musa auch verstorben sei, musste ich sofort hin. Diesmal würde ich es mir nicht einfach so nehmen lassen. Ich musste zur Beerdigung. Meine Tante, die in Istanbul lebt, erzählte uns, wie es war:

Da Musas Sohn in dieser Klinik für die Leukämie-Behandlung war, schlief Musa oft im Auto, denn der Weg nach Hause ist unendlich weit. Er konnte sich kein Hotel leisten. Die Behandlung für seinen Sohn war sehr teuer, er musste alles selbst bezahlen.

Als ich den Leichnam meines Bruders sah, brach ich zusammen. Abgemagert bis auf die Knochen und Haarausfall, als ob sie auf seinem Kopf Kreise gezeichnet hätten. Der Bruder, der immer so gut ausgesehen hatte.

Mit dem Bus samt Leichnam fuhren wir Richtung Erzincan, wo sein Haus stand mit der Trauernden. Über 20 Stunden Fahrt hatten wir vor uns. Die ganze Zeit weinten die Leute im Bus. Im Dorf warteten sie auf uns. Jeder schrie und weinte.

Der Bruder, der lebend fort ging mit seinem kleinen Sohn, kehrte tot wieder zurück. Wie schwer muss das erst für einen kleinen Jungen von zwei Jahren sein, der Leukämie hat, abgemagert, krank und dünn, gezeichnet von der Chemotherapie. Er wartet auf seinen Vater, der nie wieder zurückkehren wird.

Musa war nach einem heiligen Krieger benannt. Ich konnte einfach nicht glauben, dass er gestorben war.

Der Imam erwartete uns auf dem Grundstück Musas. Dort stand schon ein großer Tisch bereit. Darauf wurde der Leichnam gelegt, damit die Dorfbewohner und Familien Abschied nehmen konnten. Neben ihm standen Wasserkessel für die symbolische Waschung. Man nimmt dazu einen Schöpflöffel voll Wasser und gießt das über den Toten, damit die Seele rein bleibt.

Geboren am 20. Mai und gestorben am 26. Mai. Es war ein anderer Schmerz, als es bei meinem Vater war. Das tat richtig weh. Zumal er erst 32 Jahre alt war, und dazu noch ein kleines krankes Kind hinterließ. Ich hielt mich an seinen Leichnam fest und die Dorfbewohner versuchten, mich zu beruhigen.

Als die Rituale vorbei waren, las der Imam sein Gebet. Musa wurde nach der türkischen Art eingewickelt und in die Erde gelegt. Erst ein Jahr später, wenn sich die Erde gesetzt hat, bekommt der Tote einen Grabstein. Bei ihm lautete der Spruch: „Ich war in Erzincan, ich war im Istanbul, und nun, wer hätte gedacht das ich hier bin!"

Das war so herzzerreissend für mich. Auf dem Grabstein meines Vaters stand: „Gehe nicht, meine Schöne, ich habe dir was zu sagen. Denke ja nicht, dass du auf der Welt einen Sohn noch eine Tochter hättest, traue nicht den materiellen Dingen der Welt, was dir übrig bleibt, sind nur zwei Meter Stoff."

Oh mein Gott! Als ich dort am Friedhof stand und bitterlich weinte, ging ich auch an das Grab meines geliebten Vaters und sagte mit Tränen in den Augen. „Vater du bist jetzt nicht mehr allein schau her, dein Sohn ist auch bei dir! Deine Mutter ist auch bei dir! Du bist nicht mehr alleine, du hast es gut Vater, aber ich bin einsam und alleine". Ich brach in Tränen aus und krachte in die Knie, konnte mich nicht beruhigen.

Am liebsten hätte ich mich einfach dazu gelegt und wäre nie wieder aufgestanden. Doch ich hatte einen kleinen Jungen in Deutschland, der auf seine Mutter wartete. Ich ging noch einmal zurück an Musa Grab, kniete hin, weinte und sprach: „Bruder, versprich mir auf Vater aufzupassen." Es war so dramatisch für mich. Es war ein böser Traum.

Ich laß mal einen wunderschönen Spruch:

„Die Freude und der Schmerz, die stritten um die Wette,
wer an das Menschenherz das meiste Anrecht hätte,
da trat die Liebe hinzu und sagte: ‚Oh lasst das Streiten,
mein ist das Menschenherz. Ihr sollt es nur begleiten.'"

Das bedeutet, Freude und Schmerz sind für uns Menschen gedacht, doch das mächtigste ist die Liebe, denn das Herz ist die Liebe.

Musas kleinen Sohn ließen wir noch in der Klinik, bis wir in Deutschland die Formalitäten klären konnten. Das Krankenhaus war unzumutbar. Die Wände verschimmelt, dreckig bis zur Decke, kreischende, weinende, kranke Kinder, die von der Chemotherapie gezeichnet waren. Am liebsten hätte ich alle Kinder gerettet. Ich konnte nicht mehr richtig schlafen, immer wieder tauchten diese Bilder der Kinder vor meinen Augen auf. Hier in Deutschland würde man so ein Krankenhaus abreißen lassen.

Nur wenn man Geld besitzt, hat man in der Türkei Anspruch, wie ein Mensch behandelt zu werden. Manche Tiere in Deutschland haben es besser wie die Menschen in den Armutsländern.

Ich war so glücklich, als endlich mein Neffe nach Deutschland kam. Der Bürgermeister half uns und gab seine Einreisegenehmigung. Er spendete auch Geld an die Klinik in Mannheim, damit er behandelt werden konnte. Auch einige Stiftungen halfen uns dabei. Ich nahm meinen Neffen auf den Arm, und wir gingen gemeinsam zu den Leuten die uns geholfen hatten. Sie waren sehr gerührt.

Nach und nach konnte man die Erfolge sehen, wie es meinem Neffen immer besser ging. Als Pflegekind hatten wir ihn adoptiert. Langsam kamen auch wieder seine Haare. Wenn man ihn anschaute, sah man seinen Vater. Er hat sich völlig erholt, und wird 19 Jahre alt. Die Mutter ist inzwischen auch in Deutschland, wieder verheiratet. Er lebt mit ihr und seinen Geschwistern.

Wir können die Welt ändern, verbessern, ja sogar retten wenn Jeder etwas Kleines bewirkt und leistet. Mit kleinen Schritten kann man Großes erreichen und bewegen. Wir müssen nur aufmerksam sein. Gebt den Armen etwas ab, und wenn es Kleidung ist, die ihr nicht mehr tragen wollt.

In den Krallen des Tyrannen

Ich war verheiratet, unglücklich und ratlos. Ich musste lernen, das Beste aus meiner Lage zu machen. Mutter hatte mir ja immer vorgeschrieben, wie ich mich zu verhalten hatte und ganz nach ihren Anweisungen versuchte ich, mit meinem Ehemann klar zu kommen. Ich dachte mir immer: ‚Mutter ist eine erwachsene Frau, sie weiß das viel besser, denn sie hat mehr Erfahrung.‘

Also kochte ich und putzte und ging fleißig arbeiten, damit wir leben konnten. Ich kümmerte mich auch um die Arbeitserlaubnis meines Mannes und hoffte, dass er dann arbeiten gehen würde.

Ich versuchte ihm beizubringen, wie man sich in Deutschland kleidet, damit es nicht peinlich aussah. Er hatte einen komischen Kleidungsstil für den ich mich nur schämen konnte. Weder Ahnung, noch Geschmack, zog er sich einfach bunt auf bunt an, kombiniert mit einem gestrickten Pullover seiner Mutter und komischen altmodischen Hosen. Ich brachte ihm bei, wie man sich altersgerecht kleidet, denn er war erst 20 Jahre alt.

Er wusste auch nicht, was Alkohol oder Rauchen bedeutete. In seiner Familie hatte keiner der Erwachsenen geraucht, nur zu besonderen Anlässen mal etwas getrunken, denn Alkohol oder Zigaretten waren Luxus.

Also ging ich weiterhin fleißig arbeiten, damit ich dem Ehemann Dinge kaufen konnte, die er sich so sehr wünschte. Dabei blieben meine Wünsche immer im Hintergrund. Ich hatte von meiner Mutter beigebracht bekommen, das Wünsche Illusionen sind. Ich versuchte hin und wieder meinem Mann Deutsch beizubringen und zwang mich, mit ihm einigermaßen klarzukommen.

Wenn ich auf der Arbeit war, wollte ich gar nicht nach Hause gehen vor Angst. Die größte Angst hatte ich vor der Nacht. Ich versuchte vor ihm ins Bett zu gehen oder wartete einfach ab, bis er eingeschlafen war, denn ich hatte immer Schmerzen, wenn er mit mir intim sein wollte.

Er tat mir immer sehr weh. Vielleicht wusste er es ja auch nicht besser. Das miteinander Schlafen war kein Vergnügen, sonder glich einer Vergewaltigung. Ich versuchte Ausreden zu finden, doch mit oder ohne, er nahm mich immer mit Gewalt. Wehe, ich weigerte mich.

Nachdem es schnell beendet war, lag ich da und weinte. Ich fühlte mich wie ein dreckiges Stück Fleisch. Danach versuchte ich mich zu duschen, damit ich mich von dem Dreck säubern konnte. Doch das Elend in meiner Seele, das konnte ich nicht reinigen. Ich fühlte mich nicht wie eine Frau, sondern wie ein Stück Vieh, das funktionieren musste.

Wie grausam war das alles für mich! Doch was hätte ich den tun können? Einmal ging ich heimlich zum Frauenarzt und versuchte meinen Arzt schüchtern zu fragen, woran das läge, dass der Sex immer so höllisch schmerzhaft war. Er meinte lediglich, ich solle mich nicht verkrampfen, einfach lockerer sein. Der Frauenarzt hatte ja keine Ahnung, wie gewaltsam ich zum Sex gezwungen wurde. Mein Mann prügelte täglich so auf mich ein, dass ich blaue Flecken am ganzen Körper hatte. Widerstand zwecklos.

Mit einem blauen Auge und einer geplatzten Lippe ging ich einmal zur Arbeit. Den neugierigen Kollegen sagte ich nur: „Bin die Treppe runter gefallen." Jedes Mal ließ ich mir etwas anderes einfallen, konnte keinem die Wahrheit sagen, so gern ich es auch getan hätte. Er würde noch mehr auf mich einprügeln. Also spielte ich „heile Welt". So prägte es mir Mutter immer ein. Heute unbegreiflich für mich, wie ich das ausgehalten habe.

Ich bin ein wahrhaftiger Mensch, dennoch war ich immer gezwungen zu lügen, damit mir nichts geschehe. Würde ich jemandem die Wahrheit über den Ehemann erzählen, dann waren mir die Prügel sicher. Es gab keine Menschenseele, der ich hätte vertrauen können, also blieb mir nichts übrig als zu schweigen und heimlich über mein Schicksal zu weinen.

Vater wäre die einzige Person gewesen, aber ich wollte ihn wegen seiner Herzprobleme schonen. Immer, wenn er in meine dunklen traurigen Augen schaute, sah er schon das Leid. Doch wenn er mich fragte, spielte ich etwas von einer glücklichen Ehe vor. Ich wollte nicht, dass er sich sorgt. Wenn ihm was geschehe, würde ich es mir niemals verzeihen.

Auch wenn mal Besuch kam, spielte ich die liebende Ehefrau und erzählte, was für einen tollen Ehemann ich doch habe. Die anderen verheirateten Bekannten waren auch nicht besser dran, sie schwiegen genau so.

Frauen hatten Furcht und Ängste. Keine von ihnen würde sich trauen, gegen ihren Mann auch das Geringste zu unternehmen. Sie waren sehr traditionell und konservativ zugleich. Mein Ehemann warnte mich, jemandem auch nur das Geringste zu erzählen. „Denke an die Folgen!" sagte er. „Wenn du nicht wieder ein blaues Auge haben möchtest, dann halte deine Klappe!"

Also tat ich brav, was auch immer er von mir verlangte. Manchmal prügelte er so heftig auf mich ein, dass die Nachbarn die Polizei riefen. Als die dann vor meiner Tür standen, musste ich sagen, dass wir nur einen kleinen Ehestreit hatten und jetzt wieder alles in Ordnung sei.

Obwohl die Lippen aufgeplatzt waren und ich aus der Nase blutete, konnten die Polizisten nichts tun. Ich starrte den Polizisten mit traurigen Augen an. Die stummen Schreie meiner Seele wurden nicht verstanden. Die Beamten gingen wieder. Ich verzog mich irgendwo in eine Ecke auf den Boden und weinte vor mich hin und fluchte, warum Gott mir nicht half. Wie konnte Gott so etwas zulassen, fragte ich mich immer wieder. So verlor ich meinen Glauben an alles.

Wie gern hätte ich damals den Polizisten von den Prügelattacken meines Ehemannes erzählt und von dem Leid, das ich ertragen muss. Doch ich konnte es nicht. Oftmals war es mir peinlich, mit einem blauen Auge vor die Leute zu treten. Wenn sie mich fragten, sagte ich, ich sei gegen den Schrank geknallt oder im Bad ausgerutscht. Ich hatte ich keine Macht, mich gegen die Tradition zu stellen. Sie würden mich steinigen. Ich hätte kein Gesicht und kein Ansehen mehr bei der türkischen Gesellschaft.

Einmal war er so betrunken, dass er es nicht mehr schaffte, die Treppen herauf zu kommen. Er blieb auf der unteren Etage im Gang liegen, wo ihn alle Nachbarn sehen konnten. Das war vielleicht peinlich. Ich dachte nur: „Verdammter vollgesoffener Kerl! Die Leute machten sich schon lustig über mich."

Also ging ich die Treppen hinunter, um diesen Koloss die Treppen hochzutragen und ins Bett zu legen. Er übergab sich auch noch im Schlafzimmer. Das war unerträglich. Dieser Gestank, dieser Alkoholiker. Verdammt noch mal, warum muss ich das alles ertragen und wie lange noch, lieber Gott?! Erlöse mich doch einfach, denn das ist unerträglich.

Immer wieder stellte ich mir die Frage, ob ich etwas falsch gemacht habe und suchte die Fehler bei mir selbst. Warum war ich nicht glücklich, was könnte ich tun um aus dieser Situation das Beste zu machen? Manchmal redete ich mir ein, dass es im Laufe des Jahres vielleicht besser würde. Ich war nun mal mit diesem Mann verheiratet, es gab kein Zurück.

Für andere sah ich glücklich aus. Doch das alles war nur eine Täuschung. Glück und Lachen waren Luxus, den ich mir nicht leisten konnte. Es machte mich sehr oft traurig, wenn mir Paare begegneten, die sich liebten und respektierten, so etwas hätte ich mir auch gewünscht.

Doch er wollte ja nur nach Deutschland und Mutter wollte mich loswerden. Ihm war es egal, ob ich weinte, nichts aß oder

Schmerzen hatte, es ließ ihn kalt. Nur die unbeschränkte Aufenthaltserlaubnis hatte für ihn Bedeutung.

Einmal kam ich mittags von der Arbeit heim, um etwas zu holen und klopfte an die Haustür. Er machte die Tür nicht auf und hatte den Schlüssel von innen stecken lassen. Ich klopfte wie verrückt: „Mach' endlich die verdammte Tür auf!"
Meine Pause war fast um. Er sagte schließlich: „Einen Moment, ich muss mich anziehen." Als er die Tür endlich öffnete, sah ich wie verschwitzt er im Gesicht war, als ob er etwas angestellt hätte, mit einer Frau. Ich hatte nicht mehr genug Zeit, um zu suchen, ob er irgendwo jemanden versteckt hielt. Also ging ich ins Schlafzimmer, holte meine Handtasche, schaute ihn böse an und rannte auf die Arbeit zurück.
Als ich abends heimkam, war er plötzlich ganz nett, hatte sogar versucht, etwas zu kochen. Ich wusste genau, dass er mich betrogen hatte, doch beweisen konnte ich nichts. Jetzt bereute ich, dass ich mittags nicht nachgeschaut hatte. Dann hätte ich einen Grund zu sagen: „Hier Familie, er betrügt mich, ich werde mich trennen."
So hatte ich keine Beweise. Er ekelte mich jetzt noch mehr. Ich dachte immer daran, wie verschwitzt er mir die Tür geöffnet hatte. Ich war ja nicht eifersüchtig, denn geliebt habe ich ihn sowieso nicht, doch ich hätte wenigstens etwas gegen ihn in der Hand gehabt. Er war schnell wieder der Alte. Nur einen einzigen Tag versuchte er, etwas zu kaschieren.
Als er nachts mal wieder vollgesoffen heimkam, machte ich einen auf gut Freund: „Du, es ist nicht schlimm, wenn du mal fremdgehst, sag es mir ruhig, ich werde dir verzeihen." Er war so voll, dass er mir alles schön im Detail berichtete. Er erzählte mir, dass er mich seit langem betrüge. Ich dachte nur „Bingo!" Nun hatte ich genau das, was ich hören wollte.
Ich suchte einen passenden Zeitpunkt, um damit zu meiner Familie zu gehen. Als ich meiner Mutter erzählte, dass

ihr geliebter Schwiegersohn mich schlägt und betrügt, meinte sie nur: „Ja und, das ist doch nicht schlimm, das sind Männer, die müssen das machen. Wer weiß, was du dem armen Mann angetan hast."

Ich dachte, ich höre nicht richtig. Meine eigene Mutter findet es in Ordnung! Aber schließlich hatte sie mich ja auch immer verprügelt. Bei uns Türken war das gang und gäbe. Ein Mann würde nie ohne Grund schlagen. Bestimmt hatte die Frau was angestellt. Das war die Meinung meiner Mutter. Meinem Vater wollte ich es nicht erzählen, sonst wäre er tieftraurig gewesen. Ahmed hatte es mittlerweile von meiner Mutter erfahren, er meinte dazu: „Stell dich nicht so blöd an, ein bisschen Prügel hat noch niemanden umgebracht." Es schade nicht, wenn man die Frau mal schlüge. Hasan und Tarkan hielten sich raus. Die Schwägerinnen waren auch auf Seiten der Mutter. Also hatte ich niemanden, mit dem ich über mein Leid reden konnte.

Als mein Ehemann erfuhr, dass ich mit unserem Familienstreit zu meiner Familie gelaufen war, kassierte ich erneut Prügel und saß wieder traurig in einer Ecke auf dem Boden. Die Knie angewinkelt, den Kopf gebeugt und die Tränen flossen.

Ich aß kaum etwas, wollte einfach nur sterben. Wenigstens hatte ich meine Arbeit. Meine Kollegen bemerkten, dass etwas nicht in Ordnung war. Ich sagte nur, ich hätte Bauchschmerzen, sonst nichts. Am liebsten wäre ich abgehauen, weit weg. Mein Leben hatte keinen Sinn. Ich hatte oft Gedanken, dass ich nicht mehr leben wollte. Denn es war eine regelrechte Sklaverei.

Kein Urlaub, keine Feier, nicht mal zum Geburtstag wurde mir gratuliert. Nur Vater gab mir hin und wieder Geschenke oder heimlich Taschengeld, aber so, dass die anderen es nie mitbekamen. Doch die Liebe meines Vaters reichte mir vollkommen aus, wer brauchte da schon die anderen scheinheiligen Leute. Lieber einen ehrlichen Freund, als zehn falsche Freunde. Vater war für mich das Wertvollste überhaupt.

So vergingen Abend für Abend, Wochen um Wochen und Monat um Monat, wie im Film „Und täglich grüßt das Murmeltier". Jeden Tag dasselbe.

Auf der Arbeit ging es mir richtig gut. Ich war mit meinen Kollegen und den Kunden beschäftigt, war abgelenkt vom Elend zuhause. Sie waren menschlich, hatten eine andere Denkweise, modern, human. Das kannte ich nur von meinem Vater.

Kurz vor einem Nervenzusammenbruch, gab es niemanden, der mir Kraft oder Halt geben konnte. Ich war richtig abgemagert und sah schlecht aus. Diejenigen, die mich kannten, dachten schon, ich hätte eine unheilbare Krankheit.

Ich hörte mich um, ob es irgendwelche Jobs gäbe, die mein Mann machen könnte, zum Beispiel Trauben lesen. Ich kannte eine Familie wo ich früher in den Ferien gearbeitet und das Geld für meine Schulbücher verdient hatte. Ich musste dafür arbeiten, während die Geschwister ihre Schulbücher von Mutter bezahlt bekamen. Ich rief die Winzer an und erzählte ihnen, dass ich jetzt verheiratet sei und ob mein Mann bei ihnen etwas Geld verdienen könne. Ich wusste auch, dass sie einen Bauernhof hatten und somit jede Menge Tiere und Ställe.

Sie willigten ein und der Ehemann durfte recht bald bei ihnen arbeiten. Das Geld, das er dann verdiente, schickte er oft in die Heimat. Er meinte, seine Eltern unterstützen zu müssen. Von mir aus, Hauptsache nicht von dem Geld, das ich für Rechnungen brauchte oder zum Lebensunterhalt. Eigentlich hätte er auch uns ein wenig unterstützen können, doch ich war froh, dass er weg war.

Nach der Arbeit machte er sich meistens frisch und verschwand. Er ging draußen essen, trinken oder sich vergnügen. Ich versuchte, so gut wie nichts dazu zu sagen, um ihn nicht zu provozieren. Ich hatte es satt, mit Platzwunden durch die Gegend zu laufen und jeden zu belügen, dass ich gestolpert sei.

Was für ein Trauma! Ich hatte nie zuvor einen Menschen erlebt, der so egoistisch war. Für ihn war nur seine Familie in der Türkei wichtig. Egal, wie viel Mühe ich mir auch gab, es half alles nichts. Ich war irgendwie nur noch ein halber Mensch. Wo sollte das Ganze noch hinführen und vor allem, wie lange konnte ich so etwas noch ertragen? Oft fragte ich mich, wie viel Last ein Mensch auf seinen Schultern tragen könne. Es war die seelische Last, die meinen Körper schwächte. Wenn ich Kummer hatte, aß ich einfach nichts, bekam keinen Bissen herunter. Immer wieder die Gedanken an den Tod, dass er mich befreie und recht schnell käme. Manchmal lief ich einfach über die Straße, in der Hoffnung, dass mich ein Auto überfährt.

Der Mann schlug mich nicht nur, vor Zorn machte er auch die Möbel kaputt. Wenn dann Besuch kam und sie es sahen, schwieg ich und versuchte, das Thema zu wechseln. Sie wussten schon, was los war, doch keiner traute sich zu fragen. Ich konnte es spüren.

Ein unerwartetes Geschenk

Mit mir stimmte etwas nicht. Ich fing an zu essen und irgendwie sah ich im Gesicht verändert aus. Noch nie hatte ich mich so wohl und gut gefühlt. Ich fragte mich nur, warum ich plötzlich Hunger hatte wie ein Bär. Aber ich dachte mir nichts dabei. Als dann meine Menstruation ausfiel, ahnte ich etwas. Ich erinnerte mich an einen Traum vor ein paar Wochen: Vater erschien mir mit einem Baby auf dem Arm. Ich sagte: „Vater du bist doch tot, warum erscheinst du in meinem Traum?" Er antwortete nur: „Ich bin nicht dein Vater, bin dein Sohn", übergab mir das Baby und ging ins Licht zurück. Erschrocken wachte ich auf.

Ich musste erst einmal verdauen, was ich da geträumt hatte. Noch nie zuvor hatte ich meinen Vater im Traum gesehen. Zu der Zeit war er schon ein paar Monate gestorben. Ich stand auf, rief Mutter an und erzählte ihr von meinem Traum. Sie lachte mich aus und meinte: „Ja ja, dein Vater kommt wieder auf die Welt als dein Sohn." Sie machte sich über mich lustig. Ich bereute sofort, es ihr erzählt zu haben. Stattdessen erzählte ich es meinen Arbeitskollegen und fragte, ob sie wüssten, was das zu bedeuten habe. Sie wussten es auch nicht.

Ich hatte auch plötzlich keine Lust mehr auf Zigaretten, die ich gern und mit Genuss rauchte, meine Lieblingsdüfte rochen mir nicht mehr angenehm, plötzliches Verlangen nach sauren Mirabellen und Gurken. Also, was war los mit mir? Als ich mit meiner Periode noch mehr über der Zeit war, beschloss ich einen Schwangerschaftstest zu machen. Gespannt wartete ich auf das Ergebniss. Nach einigen Minuten stand fest: Ich war schwanger.

Eine große Leere tat sich in mir auf. So richtig konnte ich es nicht glauben und machte einen Termin bei meinem Frauenarzt. Noch behielt ich es für mich. Der Frauenarzt bat mich noch in sein Büro und stellte fest: „Also, sie sind schwanger. Sie kommen morgen in die achte Woche." Ich war wie erstarrt. Der Arzt erzählte mir, auf was ich alles achten müsse, was ich essen dürfe, was nicht, und wann der Geburtstermin sei. Ich konnte immer noch nicht glauben, dass ich schwanger sein sollte.

Ich nahm mir jedoch vor, wenn es ein Junge wird, dann werde ich ihm von meinem Traum erzählen. Ich bekam noch jede Menge Bücher und Broschüren. Zuhause, setzte mich erst mal hin, und machte mir Gedanken.

Ich wusste nicht, ob ich mich freuen sollte, dass es endlich einen Sinn gab, weiter zu kämpfen, oder ob ich traurig sein sollte, da meine Ehe chaotisch war, voller Gewalt und Unruhe.

Wie würde sich das Baby fühlen, wenn es mitbekäme, dass die Mutter immer Prügel bekommt? Eigentlich muss die Mutter das Baby schützen. Auf der einen Seite freute ich mich sehr, auf der anderen Seite hatte ich Angst und war nicht bereit für ein Baby. Ich wollte nicht, dass all das Böse, das mir geschah, auch meinem Baby geschehen sollte. Ich hatte schon Angst, ob ich das alles schaffen würde, denn ich hatte ja keine Ahnung wie es wäre mit einem Säugling, obwohl ich meine Neffen und Nichten auch mit großgezogen hatte. Mit meinem eigenen Kind würde das anders sein.

Abends erzählte ich dem Ehemann, dass ich schwanger sei. Er schien sich zu freuen und sagte gleich, dass es ein Junge sein müsse, da er auch sehr männlich wäre. Ich solle an seine Ehre denken. Er rief sofort in der Türkei an, um seinen Eltern davon zu berichten. Sie freuten sich für ihn, nicht für mich. Mit den Schwiegereltern hatte ich nicht so engen Kontakt. Ich wusste ja, dass sie mich nicht mochten, ich war nur Mittel zum Zweck für ihren Sohn, damit er nach Deutschland kommen konnte und sie vielleicht auch irgendwann.

Ich gab dem Arbeitgeber mein Attest. Die Kollegen freuten sich für mich und jeder gratulierte mir. Meiner Familie war es gleichgültig. Keiner freute sich für mich. Umso mehr zog ich mich zurück und bereitete mich auf die kommenden Monate

vor, studierte die Babybücher und ruhte aus. Schade, dass Vater
es nicht mehr erleben konnte. Er hätte sich mit Sicherheit über
mich und das Baby sehr gefreut.

Die Schwangerschaft verlief nicht einfach. Mir wurde oft
übel. Zudem kam immer wieder Streit zwischen dem Ehemann
und mir vor. Das tat mir nicht gut. Zumal ich jetzt ein Baby
im Bauch trug. Ich hatte gelesen, dass Babys unruhig werden,
wenn es der Mutter nicht gut geht. Sie würden es spüren. Ich
bekam Angst um das Baby. Der Ehemann schlug mich weiterhin, trat mir oft in den Bauch.

‚Oh Gott,‘ sorgte ich mich, ‚werde ich das Kind verlieren?‘
Was blieb mir übrig, als mich meinem Schicksal zu fügen. Ich
hatte einfach zu große Ängste, um etwas zu ändern. Ich betete,
dass dem Kind nichts geschehe.

Im siebten Monat hatte ich solche Schmerzen, dass mich ein
Krankenwagen abholte. Sie hielten es für frühe Wehen, doch ich
hatte einen Nierenstau und musste im Krankenhaus bleiben.
Die Ärzte gaben mir Medikamente. Sie sagten, wenn sich mein
Zustand nicht bessere, müssten sie das Baby holen. Ob es über-
leben würde, wussten sie nicht, denn es war noch nicht soweit.

Wenigstens war ich im Krankenhaus gut aufgehoben und unter
Beobachtung. Zum Glück verlief alles gut und ich durfte heim.

Der Alltag ging wie gewohnt weiter. Ich ging auf die Arbeit,
kam heim, machte meine Hausarbeiten. Der Ehemann wurde
immer schlimmer. Ihn interessierte nichts mehr als er selbst.
Von Bekannten hatte ich gehört, dass es Beratungsstellen für
junge Mütter mit wenig Geld gibt. Diese Stellen haben mir
wirklich geholfen! Finanziell und auch von menschlicher Seite.

Nun konnte ich mich auf den Weg machen, um Babyausstat-
tung zu kaufen, vom Kinderbett bis hin zum Spielzeug. Meinem
Baby sollte es an nichts mangeln. Der Frauenarzt verriet mir,
dass es ein Junge sei. Ich war sehr glücklich darüber. Für mich
war allerdings in erster Linie wichtig, dass das Baby gesund war.

Bei uns hat ein Mädchen nicht den Wert eines Jungen, da der Junge den Nachnamen weiterträgt. Wird ein Junge geboren, kann man damit mehr angeben als mit der Geburt eines Mädchens. Der Junge verlässt das Elternhaus nicht, er bringt die Schwiegertochter, während das Mädchen gehen muss.

Bei den Türken werden die Älteren nicht ins Heim geschickt. Sie würden einen steinigen, wenn man Vater oder Mutter ins Altersheim brächte. Sie meinen, wir haben unsere Kinder großgezogen und für sie gesorgt, damit sie später einmal für uns sorgen können. Das ist eine Verpflichtung.

Drei Wochen vor dem Geburtstermin bekam ich starke Blutungen und wurde erneut ins Krankenhaus gebracht. Die Ärzte behielten mich gleich dort. Es wäre nichts Schlimmes, sagten sie. Am ersten Weihnachtstag würde ich also im Krankenhaus liegen. Mir war das recht, besser dort als daheim. Sie kümmerten sich um mich und ich durfte für eine Weile Mensch sein.

Am 27. Dezember ging es mir gar nicht gut und dem Baby auch nicht. Es bekam wenig Sauerstoff. Also beschlossen die Ärtze, das Kind am nächsten Morgen per Kaiserschnitt zu holen. Doch noch in dieser Nacht bekam ich heftige Wehen. Ich ging nachts um drei Uhr in den Entbindungsraum und bat, dass sie mir etwas gegen meine Schmerzen geben. Doch stattdessen bekam ich Wehenmittel, damit der Geburtsprozess beschleunigt wurde. Heftige Schmerzen, die ich nicht beschreiben kann!

Es wurde immer schlimmer. Ich schrie nur noch. Auch der Ehemann wurde angerufen, dass es nun so weit wäre. Er kam mit einem Fotoapparat. Ich wollte ihn nicht bei mir haben, hatte mit mir selbst zu kämpfen. Mittlerweile hatten wir fast Mittag. „Und jetzt noch mal feste pressen!", sagte der Arzt immer wieder, „Gleich haben sie es geschafft." Der Ehemann verstand nicht viel Deutsch. Er fragte mich ständig, was der Arzt gesagt hätte, als ob ich in der Stimmung zum Übersetzen gewesen wäre.

Da das Baby kaum noch Sauerstoff bekam, versuchten sie, es so schnell wie möglich mit der Zange zu holen. Ich war sichtlich erleichtert und dann war es soweit.

„Glückwunsch! Sie haben einen Sohn zur Welt gebracht." Er weinte nicht wie all die anderen Babys. Nein, er musste erst einmal niesen. Nach einem Klaps auf seinen kleinen Hintern, fing er ganz zart an zu weinen. Ein wunderschönes Baby! Mit ganz vielen schwarzen Haaren und zarten 2500 Gramm.

Die Testergebnisse waren alle in Ordnung. Er war kerngesund. Ein paar graue Haare fielen uns auf. Komisch. Vielleicht eine Pigmentstörung oder das ein Zeichen meines Vaters? „Hier bin ich!"

Wenn es Reinkarnation gibt, ist es die Seele meines Vaters. Will ich es mir nur einreden oder ist es mein Wunsch tief in meimem Unterbewusstsein?

Nach nur fünf Tagen Wochenbett durfte ich wieder nach Hause. Ich gab dem Baby den Namen Orkan, weil er so in meinem Bauch getobt hatte. Er trug an diesem Tag einen süßen Matrosenstrampler. Die Bekannten und Verwandten kamen um zu gratulieren. Ach, wie süß der Kleine doch sei. Ich war sehr stolz. Und es war ein Junge, so blieben mir die blöden Sprüche erspart.

Orkan hatte die Dreimonatskoliken. Er schrie sehr viel. Auf die Ämter musste ich gehen, Termine einhalten und ihn auch für den Kindergarten anmelden. Bis er einen Platz bekam, dauerte es eine ganze Weile. Oft war ich mit ihm alleine. Wie immer kam mein Mann spät oder volltrunken heim. Er war mir völlig egal. Nun hatte ich ja eine Lebensaufgabe und eine Pflicht als Mutter. Es ist ein wunderschönes Gefühl, ein Baby in den Armen zu halten. Ich vergass all meinen Kummer.

Der erste Geburtstag nahte, bald auch der zweite. Mein größtes Hobby war mein Kind. Ihn zu fotografieren und ihm einfach zuzusehen war das größte Geschenk. Sonst hatte ich ja keine Lebensfreude. Es war, als ob der liebe Gott mir einen Grund gegeben hatte, um weiterzukämpfen. Orkan gab mir die Kraft, alles durchzustehen. Ich fühlte mich wie eine Löwenmama, die ihr Junges beschützt.

Als Orkan fast drei Jahre alt war, fiel mir auf, dass er kaum sprach. Ich machte einen Termin beim Kinderarzt. Als die Ärztin Farben abfragte, sagte er statt Rot: „Blut". Die Ärztin fragte verwundert, warum das Kind „Blut" sagte. Ich musste ihr erzählen, dass der Ehemann mich auch vor dem Kind prügelte und er immer das Blut sah.

Darauf wollte ich in einer Kinderklinik sicher gehen, dass das Kind keine seelischen Folgen davontragen würde. Ich wollte Orkan gründlicher untersuchen lassen. Die Ärztin war sehr nett. Nach den Untersuchungen teilte sie mir mit: „Er ist kerngesund. Das einzige ist, dass er für sein Alter wenig spricht."

Sie riet mir, ihn so schnell wie möglich in den Kindergarten zu schicken. Durch den Kontakt zu anderen Kindern würde er bald auch mehr reden. Wenn er erst einmal spricht, dann richtig.

„Noch etwas anderes wollte ich sie fragen", sagte die Ärztin. „Wie ist eigentlich ihr Eheleben?" Ich erzählte ihr die Wahrheit und dass ich sehr oft von meinem Ehemann geschlagen wurde. Auch, dass mein Sohn alles mitbekäme und weinte.

Sie meinte: „Ich möchte Ihnen einen Rat geben, nehmen Sie ihn an. Wenn sie ihr Kind lieben und schützen wollen, trennen sie sich so schnell wie möglich von ihrem Ehemann. Denn sonst wird das Kind seelische Probleme davontragen. Eine Trennung ist für sie beide gut."

Ich erwiderte der Ärztin, dass das nicht so einfach sei, die Familie würde mich umbringen. Die Ärztin redete lang mit mir. Sie meinte, wenn ich es nicht alleine schaffen könnte, würden mir Frauenhäuser helfen. Ich solle mich doch bitte einmal dorthin wenden. Auf jeden Fall könne das so nicht weitergehen. Ich bedankte mich und wir fuhren nach Hause. Die Worte der Ärztin gingen mir nicht aus dem Kopf. Einerseits wollte ich es tun, andererseits hatte ich keinen Mut.

Im Angesicht des Todes

Bis dahin hatte ich noch nie Urlaub gemacht. Ich dachte mir, nach all den Strapazen der letzten Zeit gönne ich meinem Kind und mir einen Urlaub. Also rief ich meine älteste Schwester an und fragte sie, ob sie Lust habe mit mir in den Urlaub zu fliegen. Sie freute sich sehr darüber und nahm noch ihre Tochter mit.

Wir flogen nach Antalya. Verwandte besassen dort eine Pension. Sie erwarten uns schon am Flughafen. Zwei Wochen Auszeit am Meer, um endlich wie ein Mensch leben zu können. Zwei Wochen lang keinen Streit, keine Prügelattaken und vor allem: meinem Sohn sollte es besser gehen! Wir alle waren begeistert und nicht weit entfernt war auch das Meer.

Also gingen wir jeden Morgen nach dem Frühstück gemeinsam an den Strand. Es war traumhaft schön. Sie behandelten uns, als wären wir Königskinder, so freundlich! Daheim bediente ich alle. Dass mich jetzt jemand bediente, war für mich außergewöhnlich. Ich kannte es doch so gar nicht. Wir genossen jeden Tag.

Zunächst war ich sehr scheu und schüchtern, hatte Komplexe. Dann dachte ich mir, die Familie ist doch weit weg, also ganz locker bleiben und versuchen, ohne Angst zu entspannen.

Ich hatte schon immer einen Wunsch: einmal mit einem Pferd am Strand zu reiten. Also mieteten wir ein Pferd für eine halbe Stunde. Ich wusste nicht einmal, wie man reitet. Also kam ein Mann mit einem wunderschönen Lipizzaner. Der Besitzer half mir aufzusteigen und plötzlich ließ er die Leine los. Ich hatte keine Ahnung, was zu tun war. Das Pferd galoppierte wie verrückt am Strand entlang, ich schrie um Hilfe. Dann kam der Besitzer des Pferdes, fing es ein und ich sprang schnell runter.

Einmal in meinem Leben wollte ich ganz romantisch sein: bei Sonnenuntergang auf einem Pferd am Meer reiten. Später lachte ich über mich selbst. Oh Gott wie peinlich! Die ganzen Leute am Strand hatten zugeschaut.

Wir alle hatten viel Spaß zusammen, auch Orkan fühlte sich sehr wohl. Er sammelte Steine und Muscheln am Strand.

Auch die Einheimischen mochten uns. Mir fiel ein Mann auf, der immer dort am Strand war. Er grüßte uns jedes Mal ganz nett und schwamm seine Runden. Sonst hatten wir nichts miteinander geredet. Wir schauten ihm manchmal zu, wie schnell und mutig er rausschwamm. Ich selbst traute mich gar nicht hinein. Nihal hingegen konnte schwimmen. Ich sah immer nur auf die Wellen und das Meer. Es hatte für mich etwas Magisches, als ob meine Seele nie einen Schaden erlitten hätte.

Tief in Gedanken, bemerkte ich plötzlich, dass Leute in Panik herum rannten. Ich bekam nicht mit, warum. Dann sagte jemand: „Da vorne, weiter draußen ist einer in den Strudel gekommen. Das Meer hat jemanden verschlungen." „Oh mein Gott!" dachte ich nur. Ein Mann war ertrunken.

Es stellte sich heraus, dass es der junge Mann war, der uns immer gegrüßt hatte. Ich war wie in einer Schockstarre. Ich konnte es nicht glauben. Wie konnte das passieren, zumal ich ihm noch beim Schwimmen zugeschaut hatte? Mir wurde plötzlich ganz mulmig. Alle meine bisherigen Probleme waren unbedeutend geworden.

„Wie kann das Leben so schnell zu Ende sein, lieber Gott?" Den Rest des Urlaubs saß ich nur noch am Meer und starrte auf die Wellen.

Tausend Zweifel überkamen mich. Ich musste etwas in meinem Leben ändern! Es war, als ob jemand mir Kraft und Gedanken schickte. Warum habe ich mir von meinem Ehemann und der Familie alles bieten lassen? Jetzt wusste ich, dass ich etwas unternehmen musste. Es ging um das Leben meines Kindes und um meines.

Bis auf diese tragische Geschichte mit dem jungen Mann war der Urlaub wunderschön. Doch irgendwie schien mir dieses

Unglück Mut und Kraft zu geben, die Dinge zu ändern, die ich ändern konnte. Irgend etwas veränderte sich in diesen zwei Wochen. War der Tod dieses Mannes etwa der Anlass, endlich zu handeln?

Im Flugzeug überlegte ich: ‚Zwei Leute mußten ihr Leben geben, mein Vater und dieser Einheimische aus der Türkei, bis ich meine Einstellung zum Schicksal ändern würde.‘ Es ließ mich nicht mehr ruhen. Frühmorgens war ich zurück in Deutschland. Der Schwager holte uns am Flughafen ab.

Kaum angekommen, verkündete ich dem Ehemann gleich zur Begrüßung: „Ich lasse mich von Dir scheiden." Er meinte nur trocken: „Fahr zur Hölle! Ich habe sowieso meine Aufenthaltserlaubnis bekommen." Ich schüttelte den Kopf und ging hinaus. So, jetzt war noch die Familie dran.

Zu meinem ältesten Bruder eilte ich zu Fuß, wo sich auch der Rest der Familie befand. Es war kurz nach Mittag. Meine Mutter war zufällig auch da, das kam mir gerade gelegen. Ich dachte mir: ‚Jetzt oder nie, ich muss es tun.‘

„Familie, ich werde mich scheiden lassen", kündigte ich mit etwas ängstlicher Stimme an.

Entsetzt schauten sie mich an. „Was willst du, du Hure? Schämst du dich eigentlich nicht? Wenn du das tust, bringen wir dich um!" Das waren die Worte meiner Mutter und meines ältesten Bruders.

Doch mich ließ das alles kalt. Für mich wäre der Tod ja schon vorher eine Erlösung gewesen. Ahmed nahm einen Gegenstand und schlug ihn mir auf den Schädel. Den Schmerz spürte ich nicht einmal, so war ich außer mir. Die Familie war aufgebracht und fassungslos.

Mein Gesicht war knallrot. Mir war alles so gleichgültig, daß ich mir keine Gedanken über jegliche Konsequenzen machen wollte. In diesem Augenblick kannte ich keine Scham und riß mir die Kleider vom Leibe und schrie nur mit weinender Stimme, aber es schoß heraus wie Dynamit aus meiner Seele: „Erschießt mich doch! Ich lebe sowieso nicht! Wenn das Leben ist, wie ist dann erst der Tod."

Die Familie starrte mich entgeistert an. Damit hatten sie nicht gerechnet. Ahmed schrie besinnungslos, es klang gewaltig wie bei einem Bären. „Verlasse sofort unser Haus. Wag dich ja nicht, die Familie noch einmal mit deinem Anblick zu belästigen, denn für uns hast Du kein Gesicht mehr. Du hast unsere Ehre beschmutzt! Nimm nie wieder Kontakt mit uns auf. Du bist nicht mehr unsere Schwester! Du bist für uns gestorben!" „Als ob ich jemals gelebt hätte?" Als ob mich das interessiert hätte. Für mich war es ja doch nie eine Familie.

Ich lief einfach raus aus der Tür, hab mich nicht ein Mal umgedreht.

Mein Inneres war so aufgewühlt, ich staunte über mich selbst, daß ich wie eine Kampfmaschine mich bis aufs letzte Blut verteidigte und selbst den Tod in Kauf nahm. In mir dachte ich ‚Hast Du das wirklich da drin abgezogen?' So einen Mut aufzubringen.

Kein Kommentar, keine weiteren Worte, auf direktem Weg zu einem Rechtsanwalt. Voller Mut und Energie. Ich hätte mir das alles selbst nicht zugetraut. Woher kam diese Tapferkeit? Es gab keinen anderen Gedanken mehr.

Wie von fremder Hand geführt, lief ich einfach meinen Weg. Eine innere Stimme sagte: ‚Wenn ich jetzt schon so einen großen Schritt gewagt habe, kann mich nichts und niemand mehr auf dieser Welt jetzt noch stoppen. Ich war plötzlich eine Andere! Wie von Geisterhand geführt ging ich ins Leere. Die innere Stimme brachte mich direkt zu einer Kanzlei. Vom Weinen hatte ich kleine rote Augen bekommen und sah auch sonst sehr mitgemommen und fertig aus.

„Ich brauche einen Rechtsanwalt", so meldete ich mich atemlos an. „Ich muss sofort geschieden werden, so schnell wie möglich!" Da stand auch schon der Anwalt vor mir. „Sind Sie sicher? Sie sind eine Türkin, haben Sie denn keine Angst?" „Nein, nicht mehr", erwiderte ich.

„Ok, nehmen Sie erst mal Platz."

Ich erzählte ihm alles und der Anwalt versprach, mir schnell zu helfen. Innerhalb von Tagen erhielt ich vom Gericht einen Brief, dass der Ehemann meine Wohnung verlassen musste.

Ihm wurde eine Frist gesetzt. Ich zeigte ihm den Brief und bat ihn, so schnell wie möglich zu verschwinden. Er kam auf mich zu, um mich zu schlagen. Ich warnte ihn: Sollte er mir nur ein Haar krümmen, brächte ich ihn ins Gefängnis. So hatte mich niemand zuvor erlebt.

An einem Aschermittwoch war der Scheidungstermin. Mein Ehemann war nun der Exmann und zog aus. Er meinte nur, eine Bleibe hätte er schon, aber nichts an Möbeln.

Ich sagte: „Nimm alles, was du willst lass' nur die Küche und das Kinderbett da."

Tatsächlich nahm er alles mit. Ich hatte keinen Fernseher, kein Bett, keinen Tisch. Doch das interessierte mich nicht. Ich hatte etwas viel Wertvolleres bekommen, nämlich meine Freiheit.

Meine Familie rief mich an und meinte, ich sei ein Schandfleck, ab jetzt blieben mir die Türen verschlossen und ich hätte keine Familie mehr. Ich sei für sie gestorben.

„Okay, gut," dachte ich ohne was zu fühlen. Ich war auch vorher nichts für die. Der einzige Unterschied bestand darin, dass ich jetzt ein Mensch war, der Anrecht auf ein Leben hatte und über sein eigenes Leben selbst bestimmen konnte. Es war ein wundervoller Augenblick.

Gemeinsam mit Orkan ging ich in die Stadt und kaufte mir eine CD von Henry, ein Siegeslied. Zum ersten Mal konnte ich die Nacht gut durchschlafen, ohne Angst und Sorgen. Den größten Schritt hatte ich getan.

Manche Bekannte gratulierten mir zu meinem Mut und gaben mir Recht, einige wandten sich von mir ab. Das war mir egal.

Auf dem Weg in die Freiheit

Mein neues Leben hatte angefangen. Es war wie eine zweite Chance oder eine Neugeburt. Ich überlegte, was ich als nächstes machen könnte. Aus dieser Wohnung mußte ich heraus. In einer blutigen Wohnung wollte ich nicht mehr sein und. mich an das tägliche Drama erinnern. Orkan mußte ich klarmachen, dass Papa nun ausgezogen sei. Doch wenn er ihn gerne sehen würde, dann würde ich es meinem Sohn erlauben.

Ich musste mich nun um so vieles kümmern, was ich vorher auch getan hatte, nun war es anders. Alles machte mir Spaß. Ich freute mich so, dass ich nicht mehr lügen musste wenn ich mal eine Platzwunde hätte. Orkan und mir ging es so gut wie nie, auch wenn wir fast nichts besaßen. Ich schlief mit zwei Decken auf dem Boden. Eine unter mir und eine über mir.

Mir wurde damals eine junge Frau vom Jugendamt und eine Sachbearbeiterin und Betreuerin von der Stadtverwaltung zugeteilt. Sie sollten hin und wieder nach mir schauen, wenn ich sie mal bräuchte. Darüber war ich froh. Sie gaben mir Tipps und Ratschläge, was ich unbedingt noch erledigen musste. Eine Dame von der Stadtverwaltung besuchte mich häufig, um nach dem Rechten zu sehen. Sie meinte einmal: „Ehrlich gesagt, ich bewundere sie. Ich könnte nicht ein kleines Kind ohne Mittel und ohne Familie allein erziehen."

Ich wusste nicht, ob es leicht oder schwer werden würde, doch ich hatte den Mut, es zu versuchen. Egal wie schwer es würde, ich musste es nun durchziehen.

Damals arbeitete ich in einem Friseursalon. Hin und wieder musste ich auch meinen kleinen Sohn mitnehmen, wenn der Kindergarten geschlossen war. Im ersten Kindergarten war Orkan nur als Gastkind, bis ich einen festen Platz für ihn hatte. Kurz darauf bekam ich die Zusage von einem Kindergarten, wo Orkan auch über Mittags bleiben konnte. Das war eine

Erleichterung, zumal ich mich dann auch um andere Dinge, wie eine neue Wohnung suchen, kümmern konnte.

Kurz darauf fand ich eine wunderschöne Zweizimmerwohnung mit einem Balkon und einem großen Bad. Ich rief Bekannte an und fragte, ob sie mir beim Umzug behilflich sein könnten. Sie kamen mit einem großen Lkw und binnen zwei Stunden zogen wir schon um. Da ich eh nicht viele Möbel hatte außer einer Küche, einem alten Kleiderschrank und dem Kinderbett, ging es schnell. Endlich in ein neues Zuhause ohne Erinnerungen an den Exmann oder blutige Wände! Orkan richtete ich das Kinderzimmer und ich schlief im Wohnzimmer auf dem Boden. Es machte mir nichts. Ich hatte nur große Ängste, dass ich Orkan nicht vernünftig ernähren konnte, denn finanziell ging es mir gar nicht gut. Zu alldem musste ich für die neue Wohnung Maklergebühren und Kaution bezahlen.

Also holte ich mir einen Kredit bei der Bank. Sie gaben mir keinen hohen Kredit, es reichte gerade, für diese Rechnungen zu begleichen. Zudem ging ich zum Jugendamt, um mir eine Tagesmutter für meinen Sohn zu suchen. Auch das musste ich zur Hälfte selbst übernehmen. Das Geld wurde immer weniger und weniger.

Einmal stand ich auf dem Balkon und weinte bitterlich. Ich wusste keinen Ausweg mehr. Ich hatte kaum Geld, sah mitgenommen aus und musste jeden Pfennig zweimal umdrehen. Ich hatte so große Depressionen, dass ich dachte, ich schaffe es einfach nicht.

Was konnte ich meinem kleinen Sohn schon bieten? Nur das Notwendigste: Brot, Butter, Wasser, Nudeln und Kartoffeln. Das war unsere Grundnahrung. Wenn ich mal Wurst oder ein Stück Fleisch kaufen konnte, dann war das ein königliches Gericht. Davon gab ich mehr meinem Sohn als mir. Lieber hungerte ich, als dass ich es meinem Kind wegessen würde.

Süßigkeiten waren ein Festmahl für uns. Ich war so deprimiert, dass ich vom Balkon im dritten Stock springen wollte, dann hätte ich keinen Kummer mehr. Doch so einfach ist das nicht, wenn man für ein kleines Kind stark sein muss, obwohl man selbst Hilfe dringend gebraucht hätte. Ich hatte auch plötzlich keine Bekannten mehr. Als es mir am schlechtesten ging, war keiner mehr da.

Nächte stand ich auf dem Balkon und überlegte: was nun? Ich hatte die Wahl: entweder ich konnte springen und wäre befreit oder ich würde mich zusammenreißen und kämpfen wie ein Löwe. Jedem, vor allem mir selbst beweisen, dass ich stark genug wäre, es für mein Kind zu probieren. Ich musste ihn doch beschützen. Denn er hatte nur mich. Der Freitod wäre keine Lösung gewesen. Meine Familie hätte erst recht einen Grund gehabt, mich zu verspotten und auszulachen.

Trotzdem, dass ich ununterbrochen arbeitete, reichte das Geld nicht, um Schulden, Tagesmutter, Miete und alles mögliche zu bezahlen. Ich arbeitete dann auch am Wochenende. Es gelang mir, dass es jeden Tag etwas besser wurde.

Ich war sehr stolz, dass ich es aus eigener Kraft geschafft hatte. Ich bin viel zu stolz, jemand um Geld zu bitten. Warum auch, solange ich arbeiten kann, tue ich es gerne.

Ich habe einen Traum: wenn ich eines Tages die Möglichkeiten habe, werde ich ein Waisenhaus gründen. Das Wohl der Kinder liegt mir am Herzen. Ich war ja schon sehr glücklich, dass wenigstens mein Neffe hier in Deutschland war und seine Behandlung bekam, in der Türkei, wäre er gestorben. Ich habe ihn jetzt lange nicht mehr gesehen. Ich hoffe, es geht ihm jetzt gut. Und dass er bitte gesund bleibt. Der Vater gestorben, der Bruder gestorben, wie viel Schmerz sollte ich denn noch ertragen! Hört das denn niemals auf? Was hatte ich dem lieben Gott getan, dass er mich so bluten lässt?

Wie viel Last konnten denn meine Schultern noch tragen, fragte ich mich manchmal. Doch was willst du machen, es gibt immer nur zwei Möglichkeiten. Entweder du kämpfst, oder du gibst auf. Wenn man eine Sache aufgibt, ist sie schon verloren. Wenn man für eine Sache kämpft und dann vielleicht verliert, hat man es wenigstens versucht und muss sich nichts vorwerfen. Wobei man immer der Gewinner ist, weil man dafür gekämpft hat, ganz gleich wie es später ausgeht.

Über eine Sache bin ich sehr traurig: Dass die Gräber meines Vaters und Musas in der Türkei liegen und ich nicht ständig hinfliegen kann. Ich habe nicht mal ein Foto von den Grabsteinen. Als ich in die neue Wohnung umzog, waren meine ganzen Fotoalben irgendwie abhanden gekommen. Mit all den Erinnerungen von meinem Vater und meinem Bruder darin. Ich bin ja so froh, dass die Fotoalben meines Kindes nicht weg waren, weil ich sie separat mitgenommen hatte und niemandem gab.

Wenn ich mal eines Tages in die Türkei fliegen würde, dann nur aus einem einzigen Grund: Nur um die Bilder von den Gräbern zu machen, denn mit der Türkei verbindet mich absolut nichts mehr. Es ist ein wunderschönes Land, doch ich komme nicht klar mit den ganzen Sitten, Bräuchen und der Mentalität. Ich wollte nur wie ein Mensch behandelt werden, aber die Traditionen ließen es nicht zu. Ich hatte halt Pech, in der modernen Gegend sind die Türken fortschrittlicher. Sie haben etwas mehr Kultur, was ja in unserem Dorf nicht der Fall war.

Nun saß ich in einer neuen Wohnung und überlegte, was ich als nächstes tun könnte, um uns beiden das Leben etwas leichter zu machen. Als erstes fing ich an, in meinem Kopf aufzuräumen. Wer mich nicht gut behandelt hatte, meiner Seele Leid zufügte oder mein Herz gebrochen hatte, nicht ehrlich genug war, oder mich hintergangen hatte, die alle wurden aus meinem Herzen und meinem Kopf verbannt.

Da fielen mir auch Worte und die Weisheiten meines Vaters ein: „Halte dir Übles vom Leibe. Entferne dich von allem, was dir Schaden zufügt." Ich versuchte, nach diesen Regeln zu leben. Auch wenn es nicht so einfach schien. Oft fiel ich wieder herein, glaubte immer an das Gute im Menschen. Anscheinend hatte ich die falschen Freunde. Ich glaubte immer alles, was mir erzählt wurde.

Es wurde Zeit für mich, die Augen zu öffnen. Wie sie zu mir waren, hatte ich spätestens bemerkt, als ich am Ende war. Manchmal denke ich, ‚Du kannst sie nicht alle über einen Kamm scheren', doch dann wird mit neuem Betrug dein Herz gekränkt. Ich war enttäuscht und verletzt zugleich.

Wir machen immer wieder Fehler, dazu sind sie da. Man soll aber draus lernen und nicht die gleichen Fehler wieder machen. Es ist nicht einfach, doch es geht, wenn man will.

Das größte Problem war meine finanzielle Situation. Etwas anderes als die Friseurjob gab es einfach nicht. Das Geld war richtig knapp. Aus Verzweiflung weinte ich und weinte. Ich machte mich selbst fertig.

Da kam ich auf die Idee, Mutter und Nihal um Geld zu bitten, damit ich Lebensmittel kaufen könnte. Mutter sagte: „Schämst du dich nicht, du Hure? Auf was hast du vertraut als du dich scheiden ließest? Geh doch zum Bahnhof anschaffen, dort bekommst du Geld."

Diese Worte trafen mich wie eine Kugel. Ich war erschüttert und legte einfach auf und musste mich erstmal ohrfeigen. Das war wirklich der Gipfel.

Dann ging ich zu Nihal. Sie meinte: „Sorry, ich habe mir vorgenommen, Urlaub zu machen und wollte mein Nase korrigieren lassen." Ich bedankte mich trotzdem bei ihr und legte auf. Ich wusste, dass ich einen großen Fehler gemacht hatte.

Warum bin ich denn so tief gesunken, dass ich meine böse Mutter und meine arrogante Schwester um Hilfe bat? Hatte ich denn gar keinen Stolz oder Würde? Was war mit mir los? Ich dachte nur an meinen kleinen Jungen, dass er was Vernünftiges zu Essen bekam. Nach langer Traurigkeit und bitteren Tränen kam mir eine Idee. Ich holte Papier und einen Stift und schrieb meine Sorgen auf. Links waren die Probleme geschildert und rechts wollte ich dafür die Lösungen suchen.

Nach langem Schreiben und Gedanken darüber, wie ich alles am besten lösen konnte, war meine Gesundheit angekratzt. Dennoch versuchte ich immer wieder, auf den Beinen zu stehen. Krank sein, das ging gar nicht, wer sollte dann auf Orkan aufpassen? Für das Wochenende suchte ich mir zusätzlich Jobs, bei denen ich ihn mitnehmen konnte. So betreute ich eine ältere Dame, bin für sie einkaufen gegangen und habe ihre Wohnung geputzt.

Sonntags ging ich bedienen in einem Café und nebenbei bügelte ich für Geschäftsleute und Bekannte die Kleidung. An den Wochenenden war Orkan meistens bei seinem Vater. Manchmal halfen mir auch die Nachbarn und betreuten ihn.

Warum sind Fremde einem näher als die eigene Familie und warum ist die eigene Familie einem fremd? Vater sagte immer zu mir: „Mein Kind, wer gut zu dir ist, der ist deine Familie. Er muss aber nicht zu deiner leiblichen Familie gehören.

Mutter war in Rente, sie hätte auf meinen Sohn aufpassen können, doch das tat sie nicht. Ihr war es egal ob wir hungerten oder ob wir krank waren.

Es war für mich sehr anstrengend, so viele Jobs zu machen. Nach und nach bezahlte ich auch meine Schulden ab. Es war frustrierend, so erschöpft zu sein und keiner war da, um mir Kraft zu geben. Es gab keinen Tag, an dem ich nicht heulte. Doch in der Öffentlichkeit lächelte ich. Wenn die Leute mich draußen sahen und grüßten, dachten sie bestimmt, dass ich keine Sorgen habe. Doch man musste mir nur in die Augen schauen um zu erkennen, dass ich litt und vom Schmerz geprägt war. Die Augen sind der Spiegel des Inneren.

Wann würde ich mal zu Ruhe kommen? Mir ist klar und bewusst, dass es im Leben Höhen und Tiefen gibt, doch dass ich diese Tiefen fast dreißig Jahre haben würde, das hätte ich nicht gedacht. Als ich mich scheiden liess, war ich gerade mal 28 Jahre alt.

Ich versuchte, so gut wie möglich mich mit meinem Kind zu beschäftigen. Doch ich hatte kaum Zeit. Wenn Feierabend war, holte ich Orkan schnell vom Kindergarten ab, dann aßen wir und spielten zusammen bis er Schlafen gehen mußte.

Jeden Abend las ich meinem Sohn Märchen zum Einschlafen vor. Das gefiel ihm und ich konnte beobachten, wie seine kleinen Augen zufielen. Manchmal, wenn er aus irgendeinem Grund nicht einschlafen konnte, legte ich mich zu ihm, bis er einschlief. Ich wollte ihm ein Gefühl von Geborgenheit und Sicherheit geben, so dass er wegen nichts Angst zu haben brauchte. Zum einen war meine Scheidung und die Trennung von seinem Vater, zum anderen hatte er ja miterlebt, wie ich geschlagen worden bin. Klar nimmt das eine Kinderseele mit. Ich weiß das ja aus eigener Erfahrung. Was mir Mutter angetan hat, hat mich sehr geprägt. Um Kinder zu verstehen, muss man sie mit ihren Augen sehen. Ich verstehe die Eltern nicht, die immer nörgeln und alles verbieten. Solche, die immer brüllen und nur am Meckern mit den Kindern sind. Ein Kind sollte man einfach Kind sein lassen. Das ist sein gutes Recht. Das sind für mich keine erzieherischen Maßnahmen, sondern das ist eine überforderte Person, die mit sich und ihrem Kind oder gar mit ihrem eigenen Leben nicht zurechtkommt.

Ich versuchte sehr oft mit meinem Sohn zu reden und ihm Dinge zu erklären und beizubringen. Wenn ich mit ihm spielte, war ich in diesem Moment auch Kind. In anderen Situationen sollte das Kind einen Erwachsenen vor sich haben, der ihn auf das Leben vorbereitet. Es gibt nichts Schöneres auf der Welt als das Lächeln eines Kindes. Es verzaubert und fasziniert mich einfach.

Mir selbst blieb nicht viel Zeit übrig. Doch ich war mir nicht wichtig. Zuerst kamen immer die, die mich brauchten. Meine

Arbeitskollegen beim Friseur machten sich Sorgen um mich. Vor allem meine Chefin Sandra. Ich nannte sie immer Sandy. Sie war ein tolles Mädchen, als Mensch und auch als Chefin. Sie wusste von meinem Leid und kümmerte sich um mich. Sie hatte stets ein offenes Ohr für mich, wenn ich irgendetwas mit ihr bereden wollte. Ich war schüchtern und ängstlich. Sandy überlegte sich, wie sie mir helfen könne. Sie sagte: „Zöhre, heut Abend nehme ich dich mit und wir gehen zu meiner Schwester, damit du mal auf andere Gedanken kommst."

Sie nahm mich mal mit zu einer großen Weihnachtsfeier, auf der nur ihre Verwandten und Bekannten waren. Es war in einer Halle und ein wunderschönes Fest. Ich und mein Sohn waren immer bei ihr willkommen. Ich bewunderte Sandy. ‚Wie schafft sie das alles?' fragte ich mich. Sie erzählte mir auch manchmal von ihren Problemen.

Eines Tages beschloss Sandy, mich in eine Diskothek mitzunehmen. Ich war noch nie in einer gewesen. Ich war schon fast 29 Jahre alt.

Sie sagte: „Mach dich schön und am Samstag, wenn dein Sohn bei seinem Vater ist, gehen wir tanzen."

Ich dachte nur: ‚Oh mein Gott, was, wenn einer mich sieht und es meiner Familie erzählt, dann bin ich tot.'

Sie meinte nur: „Verdammt, wovor hast tu Angst? Waren sie für dich da, als du sie gebraucht hast? Geben sie dir ein Stück Brot? Bezahlen sie deine Miete? Scheiß auf sie, du hast genauso ein Anrecht auf Leben wie sie. Keiner macht dich dumm an, sorge dich doch nicht immer. Ich bin bei dir. Ich will, dass du etwas unterLeute kommst und auch ein wenig Spaß in deinem Leben hast."

Ich konnte es Sandy nicht ausreden, sie blieb dabei. An jenem Tag kam sie zu mir und machte mir die Haare und zog mir das Richtige an. Natürlich plagte mich die Angst.

Sie sagte: „Hab keine Angst, ich bin bei dir. Es wird nichts geschehen. Sei mutig und tapfer."

„Also gut", antwortete ich. Als wir uns fertig machten, schaute ich in den Spiegel und dachte: ‚Das soll ich sein?'

Ich sah ganz anders aus. Auf dem Weg sagte Sandy noch: „Egal wer dich anspricht, rede mit ihm. Sei nicht schüchtern, auch wenn ein Mann vor dir steht." Das war für mich wie über meinen eigenen Schatten zu springen. ‚Hoffentlich blamiere ich mich nicht!'

Als wir dort waren, beobachtete ich Sandy und bewunderte ihre Lockerheit. Wir saßen am Tisch, als sich plötzlich ein Mann näherte und höflich fragte, ob er sich zu uns setzen könne. Sandy meinte: „Ja klar, nimm Platz."

Oh nein, der junge Mann setzte sich neben mich und starrte mich an! Ich drehte meinen Kopf herum und schaute in die Menge auf die Tanzfläche. Es machte mich richtig nervös. Ich bewegte mich kaum. Der junge Mann sagte zu Sandy: „Deine Freundin ist sehr schüchtern, stimmts?"

Sie sah mich an und sagte: „Ja, das ist sie. Sie hat Angst vor Männern."

Der junge Mann lächelte und versuchte erneut, mit mir ein Gespräch zu starten. Er fragte mich: „Wie heißt du denn?"

„Zöhre", sagte ich und drehte meinen Kopf wieder ganz schnell in die andere Richtung. Sandy bemerkte es und trat mich mit ihrem Fuß unter dem Tisch. Der junge Mann stand auf und sagte: „Na dann, viel Spaß euch beiden."

Er ging weg. Darauf fragte mich Sandy: „Sag mal hast du sie noch alle? Der schönste Kerl kommt zu dir und zeigt Interesse und du schaust ihn nicht einmal an! Du bist wirklich nicht zu retten. Du hast ihm einen Korb gegeben! Schau doch mal Zöhre, trau dich doch einfach, der frisst dich doch nicht!"

Sie versuchte, mir immer wieder zu erklären, dass das nicht schlimm sei, wenn einer sich mal mit mir unterhält. Ich solle mich doch normal verhalten. Für Sandy war das leicht gesagt, sie hatte noch nie Probleme mit solchen Dingen.

Sandy wurde nicht so erzogen wie ich. Sie hatte Freiheit. Trotzdem war ich Gott dankbar, dass es sie gab. Und Sandy hatte viel Geduld mit mir. Sie probierte immer wieder, auf mich einzugehen und mich zu motivieren.

Ich wollte doch, aber ständig wurde ich von der Angst begleitet. Sandy beschloss, mich zweimal in der Woche mitzunehmen, um aus mir einen lockereren Menschen zu machen, der keine Angst vor dem Leben und einfach Spaß hat.

So gingen wir jedes Wochenende nach getaner Arbeit tanzen. Sie sagte zu mir: „Du kannst nicht nur arbeiten. Du musst auch etwas für dich tun und leben. Nimm dir doch auch mal die Zeit zum Genießen."

Gesagt, getan. Das zweite Mal hatte ich weniger Ängste, dennoch war ich scheu und schüchtern. Sie sagte: „Auf, jetzt tanzen wir beide!"

Auf der Tanzfläche bewegte ich mich dann ganz sachte vorsichtig. Obwohl ich das Tanzen liebte, traute ich mich nicht in der Öffentlichkeit. Sie zeigte mir immer die anderen und sagte: „Meinst du, Zöhre, dass die es besser können? Die sind nicht besser, doch sie sind hier um abzuschalten und Spaß zu haben. Mach doch einfach mit. Sei lustig und lache mal mehr. Traurigkeit macht Falten."

Ich dachte: „Sandy, irgendwie hast du Recht. Nach all dem, was ich durchgemacht habe.' Wovor sollte ich denn Angst haben? Die Familie stand eh nicht hinter mir. Ich machte mir zu viele Gedanken. Es gab keinen Moment, an dem ich nicht dachte. Egal über was oder worüber, die Gedanken waren stets da. Sandy hatte mit allem Recht. Ich beschloss für mich, etwas zu ändern. Es war natürlich nicht einfach, doch ich versuchte, mehr zu erreichen und Tipps und Ratschläge anzunehmen, die mir helfen würden, mein Leben einfacher zu gestalten.

Alles was Sandy sagte, versuchte ich zu befolgen, weil ich im Inneren wusste, dass mir von ihr kein Schaden zugefügt werden würde. Sie würde auch nie etwas tun, was nicht richtig wäre. Ihr Interesse galt nur mir, dass ich etwas mehr vom Leben haben sollte.

So gingen wir Woche für Woche tanzen. Ehrlich gesagt, freute ich mich langsam auch darauf. Doch was das Flirten anging, war ich immer noch scheu und sehr zurückhaltend. Ich konnte einfach nicht. Immer wieder versuchte ich, Andere zu beobachten, um zu lernen. Natürlich konnte mich keiner zu etwas zwingen, wenn ich es nicht für richtig hielt.

Mein Job beim Friseur machte mir auch sehr viel Spaß. Ich fing wieder an zu lachen. Nach und nach konnte ich mir auch wieder Möbel und die Dinge kaufen, die ich am nötigsten brauchte. Ich liebte es, meinen Sohn immer schön und sauber zu kleiden und ihn zu fotografieren. Zu Hause liebte ich Veränderungen und neue Dekorationen.

Ich war erstaunt über mich selbst, wie ich mich veränderte. Plötzlich trug ich andere Kleidung, trug Schmuck und schminkte mich. Ich fing an, meine Augenbrauen zu zupfen, was ich vorher nie mochte. Was Kleidung betrifft, hatte ich schon immer gewusst, was zu mir passte, denn ich hatte ja auch eine Lehre als Bekleidungsfertigerin absolviert. Nur traute ich mich nie auch mal etwas außergewöhnliches zu tragen, wie ein sexy Kleid mit Spitze oder ein kurzes Röckchen. Ich trug immer nur Jeans, weil das für mich am Vorteilhaftesten war.

Ich war immer nur am Rennen. Rennen auf die Arbeit, rennen um das Kind vom Kindergarten abzuholen und schnell mal zum einkaufen rennen. Mit Jeans und Turnschuhen war das alles möglich. Ich stand immer unter Zeitdruck.

Mit Sandy ging ich immer noch am Wochenende tanzen. Ich fing an, es wirklich zu mögen und gewöhnte mich daran. Langsam verflogen meine Ängste, dass mich einer sehen könnte von der Familie oder deren Bekannte. Es wurde mir langsam gleichgültig.

Immer wieder dachte ich an Sandys Worte: „Wovor oder vor wem hast du Angst?" Keiner ernährte mich, also war ich doch im Grunde genommen niemandem eine Rechenschaft schuldig, als mir selbst. Fast ein halbes Jahr lang waren Sandy und ich nun ständig unterwegs. Sie war stolz auf mich, dass ich es geschafft hatte, über meinen Schatten zu springen und mich etwas veränderte.

Dann bekam ich eine traurige Nachricht: Sie sagte mir, dass sie gehen werde. Was? Ich dachte, dass sie mit mir scherze, doch dem war nicht so. Sandy hatte nebenbei ihren Friseurmeister gemacht und wollte selbstständig werden. Natürlich gönnte ich ihr viel Glück und Erfolg, doch sie würde mir fehlen. Ich hatte ihr so viel zu verdanken! Sie war wirklich die einzige Person, die für mich da war und mir half, meine Menschenscheu zu nehmen. Sie gab mir einfach Kraft.

Es gab noch eine andere Kollegin, die mich hin und wieder einlud. Sie war eine leidenschaftliche Bauchtänzerin. Ingrid gab mal eine Party und lud die Kollegen ein. Sie tanzte für uns. Ich hätte nie gedacht, das Ingrid so toll tanzen kann. Sie hatte sich tolle Bauchtanzkostüme gekauft. Ein Hauch von Orient.

Einmal sagte Ingrid zu mir: „Zöhre, ich habe eine Überraschung für dich. Wir werden heute Abend ausgehen mit ein paar Mädels, mach dich hübsch und wir holen dich ab. Ich dachte: ‚Was haben die nur mit mir vor?' Unterwegs nach Mannheim sagte sie mir, dass ich etwas Besonderes erleben werde.

Wir gingen in einen Tanzcafé, bestellten uns Drinks und ich wunderte mich, warum dort nur Frauen waren. Plötzlich gingen die Lichter aus. Ach Gott, was geschieht nun? Plötzlich gingen die Lichter wieder an und eine Männergruppe stand auf der Tanzfläche. Es war eine Männerstripshow!

Die Mädels hatten mir nichts verraten, weil sie gewusst haben, dass ich sonst nicht mitgegangen wäre. Sie hatten Recht. Ich bekam einen roten Kopf und versteckte mich in den hintersten Reihen, damit die Stripper mich ja nicht auf die Bühne holten. Die anderen Frauen dagegen rissen sich nur so um die Männer, schrieen und wollten ihre Körper berühren und mit ihnen tanzen. Am liebsten wäre ich gleich nach Hause gegangen, doch ich würde die Mädels ja nur enttäuschen, zumal sie es für mich getan hatten, um mir eine Freude zu bereiten. Dafür bin ich Ingrid sehr dankbar.

Hin und wieder rief ich Sandy an, um zu wissen, wie es ihr ginge. Sie fehlte mir sehr. Doch mein Leben musste auch ohne Sandy weitergehen. Ich meine, sie waren ja nicht aus der Welt, jeder Zeit konnte ich mit ihnen reden und besuchen, oder Dinge gemeinsam unternehmen. Sie hatten stets ein offenes Ohr für mich. Sie halfen mir, mich selbst zu finden und mutiger zu sein.

Erneut musste ich mir eine Wohnung suchen. In dem Haus, in dem ich wohnte, kamen nach und nach neue Mieter dazu. Manche von ihnen nahmen die Bezahlung der Mieten und Nebenkosten nicht so ernst. Es gab immer wieder Probleme mit den Verwaltern. Irgendwann wurde im Haus das Wasser abgedreht. Ich hatte immer pünktlich bezahlt, doch ein Teil unserer Mieter nicht. Den Verwaltern war es gleichgültig. Seit einer Woche hatten wir kein Wasser mehr. Ich wollte das nicht mehr länger mitmachen und wandte mich an die Presse. Es wurde im Fernsehen gesendet. Daraufhin bekamen wir für eine Weile das Wasser wieder frei. Doch mir reichte es. Jedes Mal musste ich mich aufregen. Ich hatte es so satt, ich wollte einfach meine Ruhe.

Zu diesem Zeitpunkt hatte ich auch meinen Job gewechselt. Da Sandy nicht mehr da war, ging ich auch. Ich hatte eine Stelle als Verkäuferin gefunden. Der damalige Chef war ein sehr netter Mann. Er bekam das Problem mit, dass ich kein Wasser hatte. Er half mir: „Hier habe ich jede Menge Kanister. Füllen sie sich hier im Geschäft Wasser ab und nehmen sie es mit, damit sie wenigstens etwas Wasser haben." Einer fuhr mich auch nach Hause.

Also machte ich mich auf die Suche nach einer neuen Wohnung. Binnen drei Tagen fand ich eine kleine Wohnung. Wie es der Zufall wollte, war es die Wohnung von Bennos Eltern. Der Junge, mit dem ich in der Grundschule war. Etwas Besseres konnte mir gar nicht geschehen. Also sprach ich Bennos Vater an und sagte: „Können sie sich an mich erinnern?" Er sagte: „Ja, du bist doch die Zöhre!" Ich schilderte meine Situation mit dem Wasser und Bennos Vater gab mir sofort die Schlüssel für die neue Wohnung. Ich konnte gleich einziehen. Natürlich freute ich mich riesig, wieder bei ihnen zu sein.

Meine Arbeitskollegin Katja half mir mit dem Umzug. Dann war da noch meine Kollegin Daniela. Sie war stets an meiner Seite, egal was ich tat. Ihre Eltern sind bezaubernd. Sogar die Großmutter von Daniela schickte Kuchen, damit es uns gut ginge.

Man sieht sich immer zweimal im Leben

Mittlerweile war mein Sohn zehn Jahre alt. Ein neuer Umzug stand bevor. Orkan freute sich gar nicht darüber. Wieder eine fremde Umgebung für ihn. Mit dem Bus fuhr er in die Schule und anschließend zum Kinderhort. Orkan war relativ selbstständig. Ihm blieb auch nicht viel übrig.

Es kam alles auf einmal. Erst eine Wohnung ohne Wasser, dann der Umzug, gefolgt vom Unfall und mein Arbeitsvertrag sollte auch demnächst auslaufen. Nebenbei hatte ich auch einen pubertierenden Sohn, mit dem ich klar kommen musste.
Ich weinte viel. Wenn Orkan schlief saß ich auf der Couch und machte mir Sorgen. Ich war noch nie in einer Kirche, also beschloss ich, in den Dom zu gehen, vielleicht bekäme ich dort Antworten. In mich gekehrt saß ich auf der Kirchenbank und bat Gott: „Gib mir Antworten auf meine Fragen." Ich saß vielleicht eine halbe Stunde, weinte und ging wieder.

Es war eigenartig, als ich in den Dom ging. Zumal ich nicht religiös war. Dort bemerkte ich ein Buch und las darin, was andere so schrieben. Das Geschriebene berührte mich sehr. Ein Kind schrieb: „Lieber Gott, lass nicht zu, dass sie mich in der Schule immer schlagen". Das war ehrlich und reinen Herzens. Manch andere schrieben zum Beispiel: „Gott, lass mich im Lotto gewinnen." oder: „Schenke mir ein Haus."
Manche wiederum schrieben, dass sie allen auf der Welt Gesundheit und Glück wünschen. Da ich emotional am Boden zerstört war, schrieb ich alles Mögliche nieder. Dass Gesundheit zum Beispiel das allerwichtigste im Leben sei; mit keinem Geld dieser Welt könne man Gesundheit kaufen, auch kein Glück. Ich schrieb auch, dass die Menschen lernen sollten,

genügsamer zu sein, etwas mehr an die Anderen denken und nicht so egoistisch sein sollten.

Ich schrieb Seiten voll und der Pförtner sah, wie ich dabei weinte und meinen Kummer von der Seele schrieb. Danach fühlte ich mich leichter, schnaufte tief durch und dachte mir, ‚irgendwie muss das Leben weitergehen‘. Es würde mir nichts bringen, dass ich mich so in die Probleme hinein steigere und mich selbst herunterziehe.

Ich war dünn geworden. Wenn ich Kummer hatte, konnte ich nie essen. Stattdessen rauchte ich und trank viel Kaffee. Ich wusste, dass ich so nicht weiterkomme. Also kaufte ich mir Bücher über Positives Denken oder die Quelle der Kraft, in der Hoffnung, dass ich Energie bekäme. Doch schrieben diese Autoren sehr viel über Religion und Gott. Ich wusste nicht, an was ich glauben sollte. Anfangs war mir unklar, was sie überhaupt schildern wollten, später habe ich diese Bücher verstanden.

Der Mensch solle in erster Linie an sich selbst glauben und dass der Wille stark sein sollte, Dinge zu ändern, die man ändern kann. Tagelang machte ich mir Gedanken, dann wußte ich: ‚Genug Mitleid mit dir selbst, Zöhre! Zeit für eine Veränderung!‘

Als Kind und als verheiratete Frau, wo es mir noch schlechter ging, hatte ich schon schlimme Wege hinter mir. Jetzt würde ich dies genauso schaffen. Ich musste mich nur zusammenreißen.

Hin und wieder kam die Mutter von Benno mich besuchen. Ich erzählte ihr manchmal von meinen Sorgen und sie versuchte, Ratschläge und Tipps zu geben. Meine Eva. Sie war eigentlich die Quelle meiner Kraft. Nach meinem geliebten Vater kam sie an nächster Stelle. Sie brachte mir so vieles bei und lehrte mich wie eine Weise Frau. So aufmerksam wie sie immer war, so eine Mutter hätte ich mir gewünscht. Ich habe sie nun als meine beste Freundin. Ein Geschenk von Gott. Seit Eva erneut in mein Leben trat, glaube ich an das Universum und die Gerechtigkeit.

Zwei Jahre zuvor lernte ich einen wundervollen Mann kennen. An diesem Tag sagte mir meine Freundin Brigitte, dass wir mal wieder tanzen gehen sollten. Ich hatte keine große Lust. Aber aus Liebe zu ihr machte ich mich ein wenig zurecht und wir fuhren nach Mannheim. Dort war ein Tanzcafé, da konnte man nur reinkommen, wenn ein Amerikaner einen mitnahm. Wir hatten da ein paar Bekannte. Meine Freundin tanzte gerne und ich saß dort, schaute in die Leere, als plötzlich ein Afroamerikaner vor mir Grimmassen zog. Er versuchte, mich zum Lachen zu bringen, setzte sich an meinen Tisch und sagte irgendwelche lustigen Dinge, sodass ich wirklich lachen musste. Er tanzte mit mir, und wollte anschließend meine Telefonnummer haben. Ich gab sie ihm, er schien ein vernünftiger Mensch zu sein.

Am nächsten Tag rief er mich an und wollte mich sehen. Und so waren wir dann zusammen. Ich hatte selten zuvor einen so liebevollen Menschen getroffen. Er sprach kein Wort Deutsch, wir verständigten uns auf Englisch. Er liebte mein Kind und er liebte mich. Sein Name war Anthony, stationiert in Hockenheim. Ich wusste, dass die Amerikaner irgendwann zurück geschickt wurden, doch diesen Mann hätte ich auf der Stelle geheiratet.

Er war einfach wundervoll. Immer wieder brachte er mich zum Lachen, verwöhnte uns beide mit Geschenken und seiner Liebe. So etwas war ich gar nicht gewohnt. Er behandelte mich, als sei ich eine Königin. Wir hatten nie Streit miteinander, jeden Augenblick lachten wir und genossen unsere Liebe. Es war faszinierend.

Doch der Tag des Abschieds sollte kommen. Anthony war eines Tages sehr traurig. Ich fragte natürlich, was los sei. Er hielt mich fest und weinte. „Ich muss dir was sagen - in drei Tagen werde ich zurück nach Amerika gehen. Sie haben mich versetzt." Wir waren schon zwei Jahre zusammen. Als er mir das so unter Tränen sagte, stand ich wie unter Schock. Ich dachte, dass es ein Scherz sei, doch er weinte.

Mir blieb nichts anderes übrig, als die letzten Tage noch an seiner Seite zu verbringen. Anthony meinte, das sei nur für ein Jahr, danach würden wir uns wieder sehen. Ich begleitete ihn zum Flughafen. Es war, als ob sie mir mein Herz rausreißen würden. Solch einen Schmerz kannte ich nicht zuvor, denn ich hatte ja niemals geliebt. Ich gab ihm einen Abschiedsbrief worin stand, dass ich auf ihn warten würde.

Aus Amerika rief er mich sofort an. Die Hoffnung tröstete mich: ‚Ok, nur das eine Jahr, das verkrafte ich. Wenn wir dann nur wieder schnell zusammmen kommen.'

Doch das Schicksal meinte es nicht gut mit uns. Neun Jahre vergingen. Anthony war es auch nicht recht, doch sie versetzen ihn immer wieder. Nun war er in Südkorea stationiert. Ich hätte hier alles aufgegeben und wäre mit ihm gegangen, doch dafür muss man verheiratet sein.

Anthony wollte nicht noch einmal heiraten. Er sagte immer, dass seine vorherige Ehe schlecht gewesen sei. Er liebe mich über alles, doch heiraten wolle er nicht noch einmal. Nun gut, das muss ich so akzeptieren.

Ehrlich gesagt ist es mit einem Blechring auch nicht getan. Die Herzen müssen miteinander sein. Ich dachte mir, dass dies die große Liebe sei. Anthony war einfach ein besonders. Das macht ihn für mich wertvoll. Er ist auch sehr bescheiden. Er liebte mich wie ich war, akzeptierte meinen Sohn.

Anthony rief ständig an und erkundigte sich ob es uns gut ginge, ob wir etwas bräuchten, er würde es schicken. Und tatsächlich schickte er uns Geschenke. Er sagte mir, ich solle nicht auf ihn warten und mein Leben weiterleben. Er meinte, wenn ich warte, wäre es ein Raub meines Lebens und das könne er mit seinem Gewissen nicht vereinbaren. Doch tief in meinem Herzen wußte ich, dass ich vergebens auf ihn wartete.

Es hat nie geklappt, Urlaub zu machen wo er stationiert war oder dass wir uns irgendwie begegnen. Lange Jahre sind vergangen. Das Leben scheint mir wie ein Windhauch zu sein. Er weht lang über uns dahin und ehe man sich versieht, ist man 20 Jahre älter geworden. Das Leben zischt rasch an einem vorbei.

Ich stürzte mich in Arbeit, renovierte und dekorierte. Hauptsache nicht an Anthony denken, sonst flossen mir die Tränen.

Meine Freunde rieten mir, Anthony zu vergessen. Ich versuchte mich zu überwinden, mal mit jemand anderem auszugehen, doch war mein Herz nie ganz frei es klappte nicht.

Ich denke immer, wenn es Schicksal ist, soll es so sein. Man weiß nie, wofür es gut war. Es wird kommen, wie es das Kismet vorschrieb und daran kann keine Macht etwas ändern. Man muss nur lernen, die Dinge hinzunehmen, wie sie kommen. Einfach immer wieder nach vorne schauen, niemals zurück.

Es ist wie mit einer Uhr. Die Stunden kann man auch nicht mehr rückgängig machen. Also blickte ich nach vorn. Ich hatte mittlerweile neue Freunde gefunden, machte Theaterbesuche ging auf Seminare, verabredete mich mit Eva zum Kaffee und Smalltalk.

In meinem Bekanntenkreis gab es welche, die mich bewunderten, wie ich das alles schaffe. Mein guter Freund Ludger zum Beispiel. Er sagt immer: „Du kleine Rebellin, wie du das alles so hinkriegst. Woher nimmst du diese Kraft?!" Ehrlich gesagt, ich weiß es auch nicht! Vielleicht ist es einfach der Wille.

Ich denke, wer gewillt ist, den kann nichts aufhalten. Nicht jammern: „Ach, ich kann das nicht", sondern sich zusammenreißen und sich sagen: „Ich bin bereit, etwas zu ändern!" Das ist meine Philosophie. Und vor allem an sich selbst glauben. Wie sagt man so schön: „Der Glaube kann Berge versetzen. Das Leben ist ein Blatt Papier. Du gestaltest dein Leben und was du zeichnest, wird über den Künstler etwas aussagen." Also überlege, wie du es zeichnest. Denke daran!

Weihnachten ist absolut nicht meine Zeit. Es war kurz vor Weihnachten. Ich sah andere Leute und Familien gemeinsam feiern. Für andere freute ich mich, doch ich war selbst tief traurig zu Hause. Aus Liebe zu Orkan versuchte ich, glücklich zu wirken.

Einmal hatte mich sogar eine Arbeitskollegin zu sich eingeladen, um mir einfach eine Freude machen. Damals war ich noch ein junges, unverheiratetes Mädchen. Ich mochte sie sehr. Sie waren eine ganz entzückende wundervolle Familie. Nie zuvor hatte ich so einen großen Tannenbaum in einem Haus gesehen. Das war eine meiner schönsten Erinnerungen.

Mein Vermieter, bot mir eine größere Wohnung im Haus an. Ich war begeistert. Von 50 auf 100 qm². Das bedeutete, dass ich endlich mein eigenes Schlafzimmer hätte, aber auch mehr Möbel bräuchte. Das konnte ich mir gar nicht leisten.

Also ging ich zur Bank und bat um einen Kredit. Obwohl ich seit mehr als 20 Jahren Kunde war, gaben sie mir keinen Kredit in dieser Höhe. Dies erzählte ich meinem guten Freund Ludger. Er bot mir das Geld an, doch ich lehnte ab. Ich wollte niemandem etwas schuldig sein. Ich erzählte Ludger, dass ich die Bank wechseln werde und er meinte, dass er sich drum kümmern wolle. Ludger rief an, als ich gerade erneut auf dem Weg zur Bank war.

„Wo bist tu gerade?" Ich sagte, dass ich es noch mal probieren möchte. Er bat nur: „Geh noch nicht hinein, bevor ich dich zurück rufe."

Kurze Zeit später klingelte das Telefon: „So jetzt kannst du gehen". Er hatte mit meiner Bank gesprochen. Was er ihnen erzählt hat, weiß ich bis heute nicht. Als ich die Bank betrat, waren die Mitarbeiter wie ausgewechselt.

„Hallo guten Tag, nehmen sie doch Platz, wir haben sie bereits erwartet."

‚Häh!?' dachte ich mir, was ist denn auf einmal passiert.

Noch vor Tagen behandelten sie mich herablassend und schickten mich weg. Plötzlich kümmerten sie sich um mich, wie es sich gehört. Sie gaben mir den gewünschten Kredit. Nun hatte ich zwar einen großen Betrag an Geld, worüber ich verfügen konnte, doch noch jede Menge Arbeit vor mir.

An Heilig Abend brachte mir Benno den Schlüssel für die neue Wohnung. Vor Freude machte ich Luftsprünge.

Eva und Ludger waren meine Bezugspersonen. Von ihnen würde mir niemals ein Schaden zugefügt werden. Sie waren ehrlich und menschlich. Ich danke dem Universum, dass ich diese beiden kennen lernen durfte. Das war großes Glück.

Manchmal ist das Leben seltsam. Immer wenn ich eine neue Wohnung bezog, änderte sich auch mein Arbeitsplatz. Ich hatte jetzt die große Wohnung und gleichzeitig einen neuen Arbeitsplatz. Nur ein paar Tage nach meinem Kirchenbesuch, ob es wohl damit zusammenhing? Oder war es einfach nur Glück?
Nach Weihnachten fing ich an, meine neue Wohnung zu renovieren. Es war nicht einfach, da ich alles alleine machte. Spachteln, streichen, lackieren. Ich habe immer genau beobachtet, wie Vater etwas machte, daher konnte ich es alleine. Nach und nach holte ich mir dann die neuen Möbel. Ich sprühte nur so voller Ideen.
Es war wie ein Zauber. Manchmal ging ich auch auf den Schrottplatz und fand ganz tolle Sachen, die ich dann restaurierte und umlackierte. So ist das im Leben. Wichtig ist, was man daraus macht. Meine Freunde meinten: „Wie eklig!" Sie würden nichts vom Schrottplatz holen. Doch ich hatte dort Inspirationen, stellte mir die Dinge vor, wie sie aussehen könnten, wenn sie restauriert waren. Weil ich die Dinge mit dem Herzen sehe, erkenne ich vieles an Schönheiten.
Einmal fand ich eine wunderschöne große Lampe. Sie war ein Meter fünfzig hoch, weiß, die Form eines „T". Ich kaufte sie für fünf Euro und hatte schon eine Idee, was ich daraus zaubern könnte. Gemeinsam mit Orkan schliff ich den Rost ab und schnitt das Stromkabel weg, entfernte die Fassungen und anschließend lackierten wir es alles in ockergelb. Sie sah aus wie ein Designerkerzenständer. Dann holte ich große weinrote Kirchenkerzen und setzte sie in die Fassungen. Die Freunde fragten mich, woher ich dieses Stück habe. Kein Mensch würde mir glauben, dass das mal vom Schrottplatz war.
Eva kam mich besuchen. Sie staunte immer wieder über meine Ideen wie ich die Wohnung eingerichtet hatte. Eva gefiel es sehr gut.

Sie brachte mir Geschenke für die Wohnung mit. Von wunderschönen Glasperlen bis hin zu Designerlampen. Nicht nur das! Immer wenn Eva auf dem Markt war, brachte sie Spezialitäten zum Essen mit, die ich nicht kannte.

Irgendwie habe ich es geschafft, aus meinem tiefen Loch wieder herauszuklettern. Mein Leben wurde von Tag zu Tag besser. Plötzlich merkte ich auch, dass meine Familie, die mich verstoßen hatte, wieder Kontakt aufzunehmen versuchte. Ich wunderte mich, was los war. Nach all den Jahren erinnerten sie sich, dass es mich gab! ‚Da stimmt doch etwas nicht!'.

Nihal kam ständig mit irgendwelchen Geschenken und die Schwägerinnen redeten mit mir. ‚Seltsam', dachte ich, ‚was könnten die von mir wollen?' Sie erzählte mir dann, sie wollten das Haus unserer Mutter verkaufen. Aha! Wir sind sechs Kinder, jeder von uns müsste unterschreiben, damit der Verkauf stattfindet. Die Mutter müsste dann ausziehen. Der Rest der Geschwister hatte bereits unterschrieben, nur ich fehlte. Sie meinte: „Du kannst doch auch Geld gebrauchen." Ich weigerte mich und sagte Nihal, sie brauche nie wieder zu mir kommen. Diese Unverschämtheit dulde ich kein zweites Mal.

Am nächsten Tag ging ich zum Notar, um mich zu erkundigen. Ich schilderte ihm, dass meine Geschwister das Elternhaus verkaufen wollten, doch ich nicht möchte. Ich hatte Angst, dass sie meine Unterschrift fälschen würden.

Der Notar informierte mich, dass die Geschwister schon beim Verkaufen des Hauses wären: „Machen sie sich keine Sorgen wegen der Unterschrift, sie müssen persönlich erscheinen. Wenn sie nicht wollen, kann es auch nicht verkauft werden."

Ich war erleichtert. Hatten diese Leute denn gar keine Skrupel? Immerhin war Mutter ja eine alte Dame. Angeblich sollte sie bei Ahmed in einem Zimmer wohnen. Mein Gewissen plagte mich. Mutter hätte es verdient, auf der Straße zu landen, doch mein Herz und mein Verstand zeigten mir den richtigen Weg.

Hasan war für mich der Einzige, dem ich bescheinigen würde, dass er menschlich ist. Er wies mich nie ab, wie die anderen. Wenn es ihm nicht gut ging, machte ich mir Sorgen. Doch wenn es dem Rest der Familie nicht gut ging, war mir das egal. Sie ließen mich kalt. Für mich waren sie irgendwelche Fremde, die mich mies behandelt hatten. Ich verstand diese Leute nicht. Keiner lebte in Armut. Sie besaßen alle Häuser und auch sonst fehlte es ihnen an nichts. Warum waren sie dennoch so habgierig?

Damals traf ich meinen kleinen Neffe, den ich großgezogen hatte, auf der Straße. Er fragte mich, woher ich eigentlich meine Kleidung holen würde. Er selbst besaß nur Markenkleidung. Ich fragte: „Warum, stimmt was nicht damit?"

Er war so von sich eingenommen, so arrogant: „Ach, nur so. Ich dachte, du gehst zum Flohmarkt." Ich wollte mit ihm nicht weiterdiskutieren, drehte mich um und ging meines Weges.

Ich hätte sagen können: „Klar, die Klamotten die du trägst, sind von meinem Erbe, das mir dein Vater gestohlen hat." Aber ich dachte, ,Diese Typen spielen in einer anderen Liga' - Zeig was du hast, schau ich bin besser dran: ,Mein Haus, meine Jacht, mein Pferd, meine Rolex.' Und bitte, wo ist eure Menschlichkeit?

Vater kannte einen wundervollen Spruch: „Weißt du", sagte er, „du kannst einem Esel auch einen goldenen Sattel drüberziehen, Esel bleibt Esel. Nur weil er jetzt mit Gold bekleidet ist, macht es ihn nicht besser. Wenn einer einen miesen Charakter hat, macht ihn sein Markenanzug auch nicht besser, er bleibt eine üble, schlechte Person. Natürlich gönne ich jedem seinen Luxus, aber für mich ist es unwichtig. Es gibt Dinge, die man nicht kaufen kann. Wie zum Beispiel Glück, Gesundheit, Liebe. Schöne Momente, wie die ersten Gehversuche eines Kindes oder wenn man das Unmögliche möglich gemacht hat, trotz vielen Sorgen gekämpft hat, dies alles ist unbezahlbar. Wenn ein Kind geboren wird, ist das ein Glücksmoment. Auch an Humor sollte es nicht mangeln. Man sollte das Leben spielerisch sehen und gleichzeitig sachlich bleiben. Man sollte sich den Herausforderungen stellen, die das Leben zu bieten hat.

Mit dem Älterwerden der Kinder, wachsen auch die Sorgen. Wird mein Kind vernünftig bleiben? Wird es einen Schulabschluss haben? Wird es eine Lehrstelle finden? All das habe ich mich auch immer gefragt. Ich bin sehr glücklich, dass mein Sohn einen Abschluss hat und dass er eine Lehrstelle gefunden hat. Klar hatte er auch mal Stress in der Schule sowie in der Lehre, doch das alles gehört zum Erwachsenwerden dazu. Ich bin sehr glücklich, dass er keine schlechten Gewohnheiten hat, wie Alkohol, Drogen, oder sonstiges. Er ist ein vernünftiger junger Mann, trotzdem er ohne Vater aufgewachsen ist. Ich weiß nicht, ob Orkan so geworden wäre, wenn ich mich nicht hätte scheiden lassen.

Ich weiß heute, dass die Scheidung der richtige Schritt war. Hätte ich den Verstand und die Reife von heute, ohne solche Ängste, hätte ich mich viel früher von meiner Familie getrennt und Jura studiert.

Wenn ich einen Moment entspanne und zurück denke, wie ich in den Bergen spielte, wie ich nach Deutschland kam, wie mich Mutter wie ein Stiefkind behandelte, dann die Zwangsehe und der Tod meines Vaters. Wie ich mich gegen die ganze Familie und gegen die ganzen Traditionen gestellt habe, wie ich mit einem kleinen Kind da stand und nicht weiter wusste und wie ich das Leben selbst in die Hand nahm und wie ein Löwe täglich kämpfte. All das bis heute sind exakt 44 Jahre.

Wo ist mein Leben geblieben? Es kann doch nicht so schnell an einem vorbeiziehen? Das Leben und das Glück zu leben sind keine Verpflichtung, sondern ein Geschenk.

Es gibt kein Problem, für das es nicht auch eine Lösung gäbe. Sorge dich nicht. Im Leben heißt es doch: „Manche Dinge lösen sich ganz von alleine." Die Mönche wussten es schon. „In der Ruhe liegt die Kraft", meinten sie. Man muss die Nerven bewahren, sich mal hinsetzen, einen klaren Kopf haben und darüber nachdenken, wie man als nächstes vorgehen möchte. Was wäre das Vernünftigste?

Drei Dinge haben mir geholfen das alles zu überstehen, wer sie besitzt schafft das alles. Der Mensch sollte Liebe in seinem Herzen tragen, er sollte seinen Glauben niemals aufgeben, ganz gleich an was, und er sollte niemals auch nur den kleinsten Funken Hoffnung aufgeben.

Schlusswort

Nun ist das Buch vollendet. Wie viele Male musste ich eine Pause einlegen, weil es sehr schlimm für mich war, das ganze noch mal und noch mal zu durchleben. Irgendwo zwischendrin wollte ich aufhören, weil ich nicht mehr die Kraft hatte weiter zu schreiben, doch ein angegangenes Werk sollte zu Ende gebracht werden.

Ich fühle mich um Einiges leichter. Tief in meinem Herzen habe ich den Druck nicht mehr. Mein Buch sollte denen ein wenig Stärke und Kraft geben, die keine Kraft mehr haben, und voller Verzweifelung vergessen zu leben. Ganz gleich was das Leben bringt, lebe Dein Leben, lebe Deinen Traum, und vor allem glaube an Dich. Denn wenn Du selbst nicht an Dich glaubst, wer bitte schön, soll denn an Dich glauben. Nimm Dein Leben in die Hand! Stelle Dich dem Kummer und den Sorgen, denn es wird sich nicht mindern, solange Du nichts selbst unternimmst. Keiner wird Dir deine Arbeit abnehmen.

Den Lesern danke ich von ganzem Herzen, dass sie mein Schicksal mit mir geteilt haben.

Man sieht sich immer zweimal im Leben.

. . . in diesem Sinne

INTEGRAL ECOLOGY
Gesellschaft für integrale Ökologie und Sozialforschung

Gesellschaft für Integrale Ökologie und Sozialforschung

Auch der Mensch ist des Menschen Mitwelt. Wir handeln nach Ernesto Cardenals Leitspruch: „Solidarität ist die Zärtlichkeit der Völker."
Doch was bewegt uns?

„Mitwelt" kennzeichnet das neue Bewußtsein für den Planeten als sich selbst regulierenden Gesamtorganismus. Die daraus folgende ganzheitliche „Integrale Ökologie" löst im bereits angebrochenen Zeitalter des Bewußtseins die Aufklärung des 18.Jh ab. Technokratie und materialistisches Denken waren deren Hauptfolgen und sind für die heutigen Krisen verantwortlich.

Wie die Psychologie gibt es viele wissenschaftlich basierte Disziplinen die an den Lehrstuhl gehören, weil sie aus systematischer Naturbeobachtung kommen. Dazu zählen u.a: Analytische Astrologie, Psychosomatik, Homöopathie.

Wir arbeiten an diesem Weg und am Nachlass der Ideengeberin Leni Rüegg (1910 - 2006). Die Schauspielerin und Lebenskünstlerin, eine der ersten Journalistinnen der Schweiz, hatte sich der Völkerverständigung und der sozialen Gerechtigkeit verschrieben.

Die australischen Aborigines als älteste Ethnie und Zivilisation der Erde lehren uns urbanen Menschen im Norden, was verloren ging. Dafür engagieren wir uns für deren Überlebenschancen. So wurde der Stamm der Nyungah vor wenigen Jahren von einer Zementfabrik enteignet, die inzwischen einer deutschen Firma gehört. Chancen „von außen" einzugreifen. . .

Interessenten sind willkommen:
info@integralecology.eu
www.integralecology.eu
Postfach 211163, 04112 Leipzig

ARAKI

Belletristik, Geist, Psyche und Gesellschaft

Der Name des Verlages leitet sich von einem kleinen Dorf in Ägypten her. Dort lebte einst der Weise Abramelin. Viele seiner Aussagen sind auch nach 600 Jahren noch gültig. Er läßt sich in keiner Philosophie oder Religion einordnen. Diese Haltung als Vorbild, möchten wir mit unseren Büchern einen Beitrag leisten zu einer zukunftsorientierten Gesellschaftsentwicklung, zur Selbsterkenntnis des Einzelnen und zum Bewußtsein der Menschheit als eines Teils des großen Organismus unserer Heimat, der Erde.

ARAKI und die Gesellschaft für Integrale Ökologie und Sozialforschung gehören seit zwei Jahren zusammen. Wir egänzen uns in der Arbeit und können damit unsere sozialen, gesellschaftlichen und ökologischen Ziele für eine harmonische Zukunft der Menschheit und des Planeten besser umsetzen.

Autoren, die im Sinne dieses Zieles eine Botschaft oder Wissen vermitteln, ganz gleich ob als Roman oder Sachbuch, sind herzlich eingeldaden, ihr Manuskript (als Datei) einzureichen.

Manfred Ruge,
Wenn Vater heim kommt

Ein Dorf in Rheinhessen. Manfred erlebt als 4. von 6 Geschwistern eine Kindheit ohne Liebe. In der Allgegenwart eines ewig arbeitslosen, alkoholkranken Vaters vergeht kein Tag ohne Schläge und keine Woche ohne den Mißbrauch der Schwestern durch Saufkumpane. Die Mutter ist machtlos und spielt eine zwielichtige Rolle der Unterwerfung.

Ausgeliefert, ohne berufliche Chancen, erkämpft sich Manfred seine Zukunft und gibt dem jungen Leser eine optimistische Botschaft.

Paperback, 146 Seiten
ISBN 978-3-941848-00-9

Wulf Mirko Weinreich

INTEGRALE PSYCHOTHERAPIE

Das Lehr- und Handbuch zum Verständnis und der richtigen Anwendung aller gängigen therapeutischen Methoden. Gleichzeitig wird hier Ken Wilbers Philosophie sehr intelligent zusammengefaßt und als psychologisches Modell vorgestellt.

404 S., Paperback
ISBN 978-3-936149-54-8

FORSCHUNGSPREIS der Akademie Heiligenfeld 2006

BUCH ABRAMELIN
Hg. Georg Dehn

Abraham von Worms entdeckt ca. 1400 einen Weisen nahe des ägyptischen Dorfes Araki. Dieser vermacht ihm alte Schriften und lehrt ihn, mit dem Schutzengel Kontakt aufzunehmen.
Die Reisebeschreibung wird zum Vorbild des Christian Rosenkreutz und hat die abendländische Hermetik wesentlich beeinflusst. Das Ritual wurde bekannt unter dem Namen „Die heilige Magie des Abramelin". Andere Ausgaben, die auch Mathers und Crowley wesentlich beeinflußt haben, beruhen auf unkorrekten Übersetzungen, die der Autor akribisch verglichen hat. Im Anhang eine Liste der Bibelstellen aller Zaubersprüche. Dehn hat in 20-jähriger Forschung den verschollenen Urtext von 1458 rekonstruiert und die wahre Autorenschaft enträtselt, dazu ein biographisches Kapitel.

Leinen, Goldprägung
416 Seiten, 47 Abb.
ISBN 978-3-936149-00-5

2. ÜBERARBEITETE AUFLAGE

Ruth Eisert
DER SEIFENHÄNDLER

Rick hinterläßt Karin und den Kindern bei seinem Verschwinden einen Scherbenhaufen. In diesem Chaos taucht Karin auf. Ihre berührende Abenteuergeschichte um die Kämpferinnen Tura und Marilena beschert auch dem Drama im richtigen Leben einen guten Ausgang.

„Leicht verständlich schleicht sich eine geballte Ladung Lebensweisheit ein, die wohl in jedes schöne Märchen gehört."(FAZ)

532 Seiten, Paperback
ISBN 978-3-936149-09-8

Werner Walter Güttler
STEINE AUF DEM WEG

In einer existentiellen Krise vegetiert Harun in den Felsenhöhlen von Petra. Eine geheime Bruderschaft nimmt sich seiner an. Nach seiner Initiation wächst er in eine völlig neue Welt mit Menschen verschiedener Kulturen und Religionen hinein.

Werner Walter Güttler, Volkshochschulleiter a.D., reiste 40 Jahre lang nach Jordanien. Er ist Ehrenbürger des Landes und befreundet mit der Königsfamilie. Heute lebt er in Hannover. Seine große Leidenschaft ist die Freimaurerei.

450 Seiten, Hardcover m. SU
17 Tuschezeichng. v. Michael Blümel
ISBN 978-3-936149-05-0

ARAKI

www.araki.de - info@araki.de
04112 Leipzig, Postfach 211163

Leonie Wolf
OSTSCHKOLADE

Die Pfarrerin Anna verliert bei einem Unfall ihr Gedächtnis. Mitten in Mecklenburg findet sich ein verschollenes Tagebuch, durch welches sie ihre eigene Geschichte entdeckt.

Fragmente reihen sich aneinander und versuchen sich zu einer Identität zu schließen. Anna zieht es immer wieder in das kleine Dorf zurück. Sie findet ihre eigene Geschichte – und doch nicht, denn die Welt, die sie vor der Wende zurück ließ, existiert nicht mehr.

Leonie Wolf wurde 1952 geboren und wuchs zwischen Potsdam und Oranienburg auf. Somit erlebte sie den Mauerbau mit neun Jahren vor ihrer Haustür.

256 S. Paperback,
ISBN 978-3-936149-08-9

Hedwig Kolonko
Zwei Gesichter des Isan

Das Leben in einer thailändischen Großfamilie.

Waise und Halbwaise im Nordosten Thailands leben in einem für Fremde unsichtbaren Elend. Familien werden durch Auslandsjobs zerrissen, Prostituierte lassen ihre Kinder zurück. Jake und Tine wollen ein Kinderdorf aufbauen und scheitern zunächst an ganz unerwarteten Problemen. Erst jetzt kann die Umsetzung der Aufgabe beginnen. Der Erlös des Buches leistet einen Beitrag,

165 Seiten, viele Abb.
ISBN 978-3-936149-11-1